VOYAGES

PITTORESQUES ET ROMANTIQUES

DANS L'ANCIENNE FRANCE.

TOME SECOND.

GIDE, fils, Libraire, rue Saint-Marc, n° 20.
G. ENGELMANN, rue Louis-le-Grand, n° 27.

VOYAGES

PITTORESQUES ET ROMANTIQUES

DANS L'ANCIENNE FRANCE

Par MM. Ch. NODIER, J. TAYLOR et Alph. DE CAILLEUX.

A PARIS.
DE L'IMPRIMERIE DE J. DIDOT L'AINÉ,
IMPRIMEUR DU ROI,
RUE DU PONT-DE-LODI, N° 6.

M. DCCCXXV.

Ancienne Normandie.

VOYAGES

PITTORESQUES ET ROMANTIQUES

DANS L'ANCIENNE FRANCE.

ANCIENNE NORMANDIE.

Pourville.[1]

On nous avoit parlé à Dieppe d'un hameau de la côte remarquable par sa situation, par ses traditions, par ses ruines. C'en étoit assez pour nous

---

[1] Quelques topographes écrivent BOURVILLE, quelques autres PORVILLE ou PORT-VILLE. Nous nous sommes conformés à la tradition la plus commune. Il en est de même de la pointe de *l'Ahi*, que les géographes appellent souvent *l'Ailly*. Nous avons consulté l'analogie, et adopté l'étymologie la plus probable.

inspirer le desir de visiter Pourville. Nous partîmes vers la fin d'une de ces journées douteuses de l'équinoxe d'automne où la nature entière paroît tourmentée du pressentiment d'un orage. La disposition des nuages, le mouvement de l'air, un ciel violâtre ou livide, confirmoient d'avance ce triste présage de la terre. Nous poursuivîmes cependant notre route à travers un chemin rocailleux, parmi les hautes falaises qui bordent la Manche, et qui opposent aux couleurs sombres mais changeantes des vagues agitées l'invariable blancheur de leurs masses immenses. Débris d'un monde inconnu, elles ont cette stérilité de la mort, caractère effrayant des créations consommées qui ont perdu la force de produire. Leurs parties, sans homogénéité, sans adhésion, sans puissance, friables comme des ossements calcinés, dont elles imitent la couleur et la fragilité, épouvantent l'imagination de leur inertie de cendre. La fin de tous les mondes est déja écrite sur les falaises. C'est un ossuaire de cinquante siècles que l'Océan a porté sur ses rivages, comme un grand monument des temps achevés à l'entrée de l'infini.

Quelques rochers couverts d'une herbe courte, d'un ton jaune et triste; le bruit des flots qui mouroient sur la grève; la voix éloignée d'un écho qui répétoit derrière nous les mugissements de la mer, comme si la plage étoit devenue tout-à-coup une île inconnue des navigateurs; l'aspect singulier du couchant aux approches de la tempête, renouveloient pour nous le temps de nos excursions en Écosse, parmi les îles de l'Atlantique, et au milieu des tourmentes du Nord.

Après deux heures de marche, nous arrivâmes en vue de quelques cabanes qui ferment l'entrée d'un vallon, et dont on croiroit les tristes murailles élevées pour servir de digues à de misérables champs que les eaux dévastent chaque année. Un petit nombre de constructions en terre, à moitié détruites par une inondation nouvelle, attestoient les vains efforts de l'homme, qui veut opposer des barrières à l'Océan, et nous faisoient douloureusement pressentir le sort qu'attendent les pauvres habitants de ces parages à la première tempête.

Deux poutres jetées sur une espèce de construction en galets servent de pont pour traverser la rivière de Pourville, et arriver aux huttes à demi abandonnées qui composent le hameau.

La pointe de l'*Ahi* doit sans doute ce nom imitatif aux gémissements des naufragés ou au bruissement des vagues, qui viennent se briser à ses pieds. Elle couvre cependant une petite baie propre à servir de refuge aux pêcheurs contre la violence des vents de l'ouest; car il y a peu de dangers à côté desquels la Providence n'ait placé une ressource ou une espérance. Il est probable que c'est ce lieu d'abri, connu des marins, qui a déterminé quelques familles à se construire là un domicile de peu de durée, que menacent tous les accidents de la mer et du ciel. L'infortune fonde aussi des colonies.

Ce hameau, déshérité des faveurs de la nature, s'étoit placé du moins sous une protection qui rassure toutes les inquiétudes, qui console toutes les douleurs. Il avoit un temple; et ses murailles bravoient depuis des siècles les orages qui désolent cette côte : elles ont péri en peu de jours dans une autre tempête. L'aquilon s'étoit contenté de siffler dans ses voûtes, la mer de lutter contre ses fondements; les hommes l'ont détruit.

Ce qui reste de ses ruines appartient à la brillante époque de la renaissance des arts. Un fût de colonne qui portoit une croix de fer, et qui est resté debout, offre encore autour de sa hampe élancée un triple rang de perles et des coquilles sculptées avec beaucoup de goût. Cette imitation des productions de la mer est une harmonie gracieuse sur ses bords; et, quand on y réfléchit, c'est une harmonie touchante. Il y a quelque chose qui donne à penser sur l'incertitude et l'irréflexion de la vie dans la sollicitude de l'artiste qui consume ses jours à confier des monuments au sable des rivages et à décorer un écueil.

L'aspect de la mer étoit devenu de plus en plus effrayant. Nous connoissions d'ailleurs peu de plages aussi sévères au regard et à l'imagination que celle de Pourville dans l'état de cette atmosphère orageuse. Elle nous rappeloit quelque chose des grèves mouvantes de Saint-Michel et de l'âpre revers du *Lido;* et jamais l'influence mélancolique des scènes de la nature n'avoit mieux disposé notre esprit à recueillir les traditions superstitieuses du peuple. Je m'étois proposé d'en raconter une qui m'avoit frappé parmi toutes les autres, mais j'ai su qu'elle avoit inspiré M. de Latouche : il a joint au récit primitif le double mérite d'une composition attendrissante et d'une haute pensée morale. On me saura gré de laisser parler le poëte.

LE NAVIRE INCONNU.

Vieux matelot, dis-moi : la nuit tombe, et les vents
Dorment silencieux sur ces déserts mouvants ;
Quel objet, des hauteurs de la dune escarpée,
Enchaîne encor ta vue ardemment occupée ?
Un songe t'a promis ses fabuleux trésors ?
Ou crains-tu qu'abusant de la paix de nos bords,
Le corsaire africain, errant sur ces rivages,
N'y jette avec la nuit le meurtre et les ravages ?
Ta main presse ton cœur : tu dis qu'un saint amour
Vient d'un vivant trésor implorer le retour ;
Et ton œil, plein d'un feu qui me rend l'assurance,
Regarde avec fierté les pavillons de France.
Oh ! qui tient si long-temps tous vos vœux excités

— Mon fils, dans le repos des lointaines cités,
Sous l'abri des vallons le ciel vous a fait naître ;
Les hommes de la mer les savent reconnoître,
Nos périls, nos destins, mystérieux hasards.
A l'horizon des flots étendez vos regards :
Voyez-vous, sous les feux de ces pâles étoiles,
Ondoyer un point vague et noir ? ce sont des voiles.
— Eh bien ! lancez le câble aux flexibles anneaux ;
Du phare qui s'éteint rallumons les signaux ;
Au-devant des rameurs de la rive étrangère
Envoyez de nos bords la barque hospitalière ;
Que l'esquif, las des mers, avec un doux transport,

POURVILLE.

Touche au sol de Neustrie.—Il n'aborde aucun port.
Errant navigateur, sans guide, sans boussole,
Incessamment battu d'un pole à l'autre pole,
Il fuit; et, des autans défiant les efforts,
Il brave impunément l'airain tonnant des forts.
Jamais d'un pavillon la flottante richesse
N'a nommé la patrie où son retour s'adresse.
Qui dira de quels bords ce navire est venu?
—Où va-t-il?—On l'ignore.—Et son nom?—L'Inconnu.

On raconte, mon fils, qu'un grand forfait s'expie
Dans les flancs habités de ce navire impie.
Ses rameurs, se frayant d'homicides chemins,
Ont osé contre l'or échanger les humains;
Les premiers, Amérique aux larmes condamnée,
T'apporter les enfants de la noire Guinée;
Vendre l'homme à son frère, et, le front menaçant,
Marchander les sueurs et s'enrichir du sang.

Dieu, le Dieu courroucé qui frappe et nous éclaire,
Au vaisseau parricide attacha sa colère.
Le maudit, par la soif au sein des flots brûlé,
Offrirait les trésors dont il marche accablé,
Pour aborder la terre, obtenir un asile,
Quelque sable, un désert, un rocher... vœu stérile!
L'éternité des temps le consacre au remord;
De naufrage en naufrage il échappe à la mort.

O mon fils, j'ai connu la céleste vengeance:
Et dans l'âge où l'amour rougit de l'indigence,
J'osai, dans les hasards d'un trafic abhorré,
Amasser un peu d'or qui n'a pas prospéré.
Ce signe, il vient pour moi menacer nos rivages...
Lequel de nos pêcheurs ne tremble à ces présages?
Que vers les hautes mers par les vents retenu,
Dans les vapeurs du soir le navire inconnu
Apparaisse à ses yeux... Sa femme gémissante

POURVILLE.

Ne verra plus rentrer la voile blanchissante.
Ses avirons, ses cris, ses vœux sont superflus;
Le chaume qui l'attend ne le reverra plus;
Ses enfants orphelins, vers la naissante aurore
Traînant de ses filets la trame humide encore,
N'iront plus cueillir l'algue et chanter près des flots.
J'ai des enfants aussi! deux jeunes matelots
Qu'exila le tourment de voir souffrir un père.
Souris, Dieu qui pardonne, à leur retour prospère!

 Il disoit: le ciel tonne; et l'esquif agité
Approche, grandissant, du rivage habité;
L'éclair devant ses pas déchiroit les nuages,
L'aquilon révolté bat tous ses noirs cordages:
La terreur le précède; et seul, dans le moment
Où nul n'éléveroit vers un ciel inclément
Les voiles, les agrès, tissus des mains humaines,
Avec ses artimons, ses vergues, ses antennes,
Ses huniers, ses hauts-bancs, jusqu'au pied du fanal;
Voguoit appareillé le navire infernal;
Et l'écho des rescifs épouvantoit la plage,
Des rires et des cris de l'errant équipage.
Trois fois prêt à périr, trois fois son vaste bord
De la vague écumante a repoussé l'abord;
Et l'oiseau du naufrage, effleurant les abymes,
De ses mâts flamboyants n'osa toucher les cimes:
Enfin chassé du port, battu des flots amers,
Terrible, il disparut à l'horizon des mers.

 Il avoit fui; la grève étoit encor déserte;
Nul objet sur la mer, au loin d'horreur couverte,
N'avoit encor frappé nos regards étonnés,
Et pourtant sous ces rocs vers l'abyme inclinés,
Touchoit un autre esquif. Voyez l'éclair des armes!
Écoutez l'océan répondre au cri d'alarmes!
Le matelot pâlit; une horrible clarté
Illumine le flot qui roule ensanglanté;

POURVILLE.

L'océan tout entier se soulève; et l'orage
Apporte sous nos pieds les débris d'un naufrage.

   Pourquoi le père, errant avec ces cris de deuil,
Va-t-il porter ses pas sur le glissant écueil?
O spectacle! ô remords! effroyable torture!
Ces vêtements connus, cette rouge ceinture
Que jadis, dans l'espoir de les voir triomphants,
Le coupable vieillard offrit à ses enfants,
Les voilà!... Tant de biens, de richesses lointaines,
Qu'un filial amour conquit par tant de peines,
L'océan les remporte; et, pour derniers présents,
Lui jette les débris de ses fils innocents.

Village de Pourville.

Ruines de l'Église de Fourville.

Pointe de l'Aig:
village de Barville.

La ville d'Eu.[1]

Une forêt vaste et magnifique où se croisent une foule de routes régulières tracées sous de riches ombrages, et au pied de laquelle une gorge fraîche et riante prête la douceur de ses abris et l'abondance inépuisable de ses eaux à des manufactures brillantes de prospérité; les cabanes

---

(1) *Auga*. L'étymologie de ce nom a embarrassé les savants. Un de ceux qui ont bien voulu nous communiquer le résultat de leurs recherches le regarde comme une contraction d'*Augusta*, et cette contraction n'est pas sans exemple dans les incriptions. Il s'appuie sur un fait particulier à cette localité. C'est qu'un village situé vis-à-vis de la ville ancienne dont nous parlerons tout-à-l'heure s'appelle encore *Aoute*, et n'est désigné dans les titres anciens que sous le nom d'*Augusta*. Il n'y a point de difficulté sur cette étymologie, car *Aoute* est fait nécessairement d'*Augusta*, comme *Août* d'*Augustus*; mais il y en a sur l'induction. Rien ne prouve que la ville nouvelle ait dû recevoir le nom de la ville ancienne, oubliée par l'histoire et même par la tradition; et ce qui prouve le contraire, s'il y a rien de prouvé en archéologie, c'est que ce nom s'étoit conservé sous une construction très différente pour désigner un village qui existe encore. Il y a près de Misitra et près de Raguse des lieux dont le nom rappelle l'existence de Sparte et d'Épidaure; mais il ne faut chercher ni l'étymologie du

nomades des bûcherons qui en occupent la lisière, et qui peuplent de fabriques passagères les larges clairières des nouvelles coupes; le costume très marqué de quelques femmes du peuple qui ramassoient du bois sec à l'angle du dernier taillis, et qui relevoient vers nous leurs têtes coiffées d'un casque rouge dont le cimier gothique se recourbe sur le front en forme de carène de vaisseau; tels étoient les objets plus ou moins pittoresques, plus ou moins nouveaux pour nous qui fournissoient depuis plusieurs heures à l'entretien de notre petite caravane, quand au détour d'un chemin rapide et dangereux sur la pente d'une montagne brusquement inclinée, nous aperçûmes les clochers de la ville d'Eu, les dernières falaises de l'ancienne Normandie, les premières falaises de l'ancienne Picardie, et la mer enfermée entre elles, mais immense dans sa profondeur et dans son élévation; car à son horizon elle se confondoit tellement avec le ciel que l'océan agrandi sembloit embrasser l'infini comme la terre. Ce tableau nous rappeloit un passage admirable de la *Genèse*, où

nom de Raguse dans Épidaure, ni celle du nom de Misitra dans Sparte. Les anciennes chroniques, et particulièrement celle de saint Loup, archevêque de Sens, donnent le nom d'*Auga* à la rivière qui arrose la ville d'Eu. Les rivières sont nommées par-tout avant les villes, et à plus forte raison dans les pays où l'industrie des habitants se réduit aux ressources de la pêche et aux échanges d'une navigation encore timide qui ose à peine tenter les mers. La ville nouvelle fut élevée sous le nom de *Villa* ou de *Vicus Aquarum*, au bord de cette rivière appelée du nom générique d'*Auga*, presque homonyme avec l'*aqua* des latins et l'*aigua* ou *agua* des dialectes romans, comme le nom de la ville d'Eu lui-même avec le nom françois de l'*eau*, dont il diffère par une nuance de prononciation très délicate, qui est difficile à saisir dans quelques provinces. La voyelle *eu*, improprement appelée diphthongue, se confond si aisément avec la voyelle *o* dans la déclamation et dans le chant, que c'est un des reproches que Voltaire et Rousseau ont faits à nos virtuoses. L'idée de désigner ainsi une ville baignée de toutes parts par des eaux douces et voisines des eaux marines étoit d'ailleurs extrêmement simple. Il y a cinquante villes riveraines en Europe dont le nom ne pourroit s'expliquer autrement. On n'étalera pas ici cette érudition trop aisée qui, en dernière analyse, ne prouveroit rien, et on auroit accordé moins de place à cette discussion s'il étoit à présumer qu'elle se renouvelât jamais dans cet ouvrage.

l'on voit une mer aérienne suspendue de la main du Créateur au-dessus du firmament, et enveloppant les cieux qui enveloppent le monde.

L'aspect de la ville d'Eu a quelque chose de triste et de solennel que nous n'avions observé nulle part. Cette ville, comme repoussée sur une des grèves de l'océan, à la lisière d'une province qui communique à peine avec elle, enclose de hautes murailles que leur dégradation rend encore plus austères, bordée de boulevards que leur solitude rend encore plus menaçants, et au-dessus desquels la pensée effrayée chercheroit volontiers pour se rassurer des soldats et des armes, fait naître au premier moment l'idée d'une vieille forteresse abandonnée. Peu à peu l'esprit se familiarise avec la gravité de ses abords; l'imagination apprivoisée s'exerce à jouir des accidents variés, des mouvements singuliers du sol inégal de ces remparts qui ouvrent à tout moment devant le promeneur des sentiers favorables à la méditation ou des retraites délicieuses. Quand on erre seul sous ces feuillages inspirateurs, et qu'on nourrit encore dans son cœur un sentiment qui ressemble à l'enthousiasme, un rêve de liberté ou un souvenir d'amour, on peut se croire poëte.

Vus d'un point plus élevé ou de la terrasse du château, les environs de la ville d'Eu n'ont pas un caractère moins imposant, sur-tout pour le voyageur des pays lointains qui aime à comparer ses impressions, et chez qui elles augmentent de charme et de puissance par la comparaison. En suivant de l'œil la route qui court sur le revers du coteau jusqu'aux falaises de Tréport, et qui aboutit à la mer, nous nous rappelions l'avenue du port de Leith et le chemin du Pirée, les environs d'Édimbourg et les ruines d'Athènes.

Avec moins de sujets d'illustration, la ville d'Eu n'est cependant pas citée sans honneur dans l'histoire, et l'étude de ses monuments promet de vives jouissances aux amateurs d'antiquités. Une découverte récente de M. Estancelin a prouvé qu'il avoit existé, à peu de distance de son emplacement actuel, une cité sans doute vaste et superbe qui eut ses amphithéâtres et ses temples, son Colisée et son Parthénon. Cet estimable savant, auquel nous sommes redevables d'une foule de renseignements très intéressants, communiqués avec cette bienveillance de procédés qui en augmente encore le prix, a goûté l'inexprimable plaisir de replacer cette ville oubliée dans les fastes de notre ancienne topographie. L'histoire avoit perdu ses titres; il les a retrouvés. Qu'on se fasse une idée, si cela est possible, de l'extase d'un antiquaire que la rencontre inopinée d'une petite fibule d'or ou d'argent, de quelques fragments d'urnes en *terra campana*, d'un tronçon d'épée romaine à deux tranchants, ou d'une médaille de Constance Chlore ou de Constantin, a décidé à essayer une fouille de peu d'étendue et de profondeur dans un bois reculé, et qui voit se découvrir sous le pieu de ses ouvriers, agréablement surpris, un amphithéâtre de 180 pieds de long sur 120 de large, et à trois cents pas de là les débris d'un superbe temple d'ordre dorique à métopes richement sculptées dont les ornements représentent le bouclier et le glaive du peuple-roi! Pendant de longs siècles, les souches stériles des arbres morts ont été seules debout dans ce désert à la place des colonnes du temple des dieux dont leurs racines épuisées embrassoient les fondations; mais on n'ajoutera pas avec le poëte: *Etiam periêre ruinæ*, les ruines mêmes ne sont plus! le zèle inspiré de l'érudition les a rendues au pays dont les monuments qu'elles attestent ont fait autrefois la gloire; et l'explorateur curieux de notre belle France se détournera souvent de sa route pour aller visiter au *Bois-l'Abbé* l'Herculanum des côtes de la Manche.

La ville moderne paroît remonter toutefois à une époque déja très ancienne. Il en est question dans les chroniques de l'année 925 comme d'une place importante et bien fortifiée dont Rollon avoit fait un des principaux boulevards de ses nouveaux états. On la voit passer dans ce temps-là au nombre des dotations de ses capitaines; Gilbert succéde dans sa possession à Geoffroi, son père; mais il se révolte contre ses bienfaiteurs, et il perd dans un combat son titre avec la vie. Les vastes domaines de la ville d'Eu rentrent alors au pouvoir du souverain, et font long-temps partie des apanages de ses héritiers. Suivant les versions les plus probables, deux des fils de Richard Ier furent dotés de ce fief par Richard II, leur frère, et il ne fut repris qu'aux enfants de l'aîné pour consoler leur oncle Guillaume des malheurs et de la longue captivité que lui avoit attirés sa rebellion. Après cinq ans de détention dans le château de Rouen, après avoir erré plusieurs années, fugitif et proscrit, dans ces belles contrées que sa famille avoit conquises, il pensa que s'il restoit pour lui quelque pitié sur la terre, ce ne pouvoit être que dans le cœur du frère qu'il avoit si mortellement offensé; et, ce qui est rare dans les débats des frères et sur-tout dans ceux des princes, il ne fut pas trompé par une fausse espérance, en comptant sur l'oubli de ses torts. Il paroît que Richard le reçut comme un voyageur long-temps attendu, dont il n'avoit été séparé que par des événements indépendants de la volonté de tous les deux, et qui venoit goûter auprès de lui un calme réparateur, à la suite de bien des traverses. Il se fit du moins une douce étude d'embellir son sort, en lui assurant d'immenses propriétés, et un établissement brillant.

Robert, comte d'Eu, joua un grand rôle dans une cour où l'avantage d'être cité en première ligne indiquoit nécessairement un héros; c'étoit celle du Conquérant. Robert vivoit du temps où le casque d'un vieux guerrier couvert de gloire s'abaissoit, éclatant d'une gloire nouvelle, devant les autels du Seigneur; et deux points opposés des côtes de la Manche attestent la double illustration de son nom comme soldat et comme chrétien : il avoit vaincu les Saxons à Hastings, et ses mains victorieuses posèrent les fondations de l'abbaye de Tréport.

Guillaume, deuxième du nom, se révolta comme son aïeul; mais il fut traité plus sévèrement par Guillaume Le Roux que le premier ne l'avoit été par Richard II. Cependant le prince n'étendit pas sa vengeance jusqu'à des enfants innocents dont il étoit deux fois protecteur naturel comme parent et comme souverain. Ce n'est qu'au treizième siècle que cet apanage entra par succession dans la maison de Lusignan; en 1250, il échut à celle de Brienne, et fut confisqué cent ans après par le roi Jean, sur Raoul de Brienne, exécuté sans jugement dans la cour de l'hôtel de Nesle, le 13 novembre 1350, pour crime de haute-trahison. Cet infortuné connétable étoit le quatrième descendant de Jean de Brienne, roi de Jérusalem et empereur de Constantinople. Ses propriétés furent données à

Jean d'Artois, dit Sans-Terre, prince du sang, puis érigées en pairie pour Charles d'Artois, son petit-fils, qui mourut sans enfants. Louis XI les transmit à Louis de Luxembourg, comte de Saint-Pol, dont la fille les porta dans la maison de Cléves: elles passèrent de là, par diverses mutations inutiles à retracer, dans celles de Guise, du Maine, de Penthièvre et d'Orléans; tant l'histoire de ces murailles se lie, par une foule de noms illustres, aux souvenirs les plus fameux de notre ancienne histoire.

La découverte de M. ESTANCELIN démontre la ruine sans doute simultanée de la ville romaine. La première trace que l'on trouve de la ville moderne dans les chroniques se rapporte à la conflagration de sa forteresse sous le premier duc de Normandie. Une troisième catastrophe du même genre devoit signaler pour elle la dernière partie du quinzième siècle. La destinée des sociétés d'hommes est comme celle de l'homme; elle se divise en quelques grandes époques qui sont marquées par quelques grandes calamités. En 1475, Louis XI, trompé par de faux avis qui lui annonçoient que le roi d'Angleterre se proposoit de s'emparer de la ville d'Eu, commanda qu'elle fût réduite en cendres. Le 18 juillet, à neuf heures du matin[1], le feu fut mis à tous les coins de la ville, et cette mesure barbare atteignit complétement son but. Ce n'est pas quand ils donnent des ordres précipités et cruels que les rois manquent de serviteurs obéissants et empressés. Les églises seules restèrent debout, comme si elles avoient été réservées pour la solennité des funérailles d'un peuple. A peine les habitants eurent-ils le temps d'emporter dans les villes voisines leur fortune, leur industrie, et leurs enfants. Quant aux ossements de leurs pères, ils furent obligés de les abandonner sous les débris enflammés de l'incendie.

Dans l'intérieur des murs de l'ancien château où furent célébrées les noces de Guillaume et de Mathilde, étoient comprises l'abbaye fondée en 1002 par Guillaume Ier, et l'église, dont la première construction remontoit à 1187, mais qui, incendiée par la foudre en 1426, ne fut entièrement relevée qu'en 1460. Quelques unes de ses parties, et entre autres

---

(1) Les habitants désignent encore ce jour funeste sous le nom du *mardi piteux*.

le souterrain où reposoit la dépouille mortelle de saint Laurent, évêque de Dublin, paroissent appartenir au monument du douzième siècle. Ce tombeau révéré n'étoit pas le seul qui illustrât cette basilique; mais les marbres rompus et les effigies mutilées ont été précipités pêle-mêle dans l'ancien caveau, qui est jonché de leurs débris. Nous y avons cherché sans les reconnoître la statue de ce vaillant Philippe d'Artois, frère d'armes des Boucicaut, des La Trimouille et des Jean de Vienne au siége de Nicopolis, qui mourut prisonnier en Natolie, et celle de cet infortuné Simon de Thouars, qui fut tué le jour de son mariage, dans le tournoi de ses fêtes.

Mais la mémoire de ces temps reculés plane au loin sur les murailles gothiques; et quand on plonge la vue dans les mystérieuses ténèbres des grands arbres qui s'étendent à l'aile gauche du château, on croiroit voir s'égarer encore la cour chevaleresque des Guises dans leurs allées solennelles.

Eglise de Notre-Dame de la Ville d'Eu

Portail de l'Église
de Notre Dame de la Ville d'Eu

Vue générale de l'Église de la Ville d'Eu.
Intérieur.

Eglise de la Ville D'Eu.
Intérieur

Église de la Ville D'Eu.
Vue latérale du Chœur

Caveau de l'Église de Notre Dame, renfermant les débris des tombeaux des Comtes d'Eu.

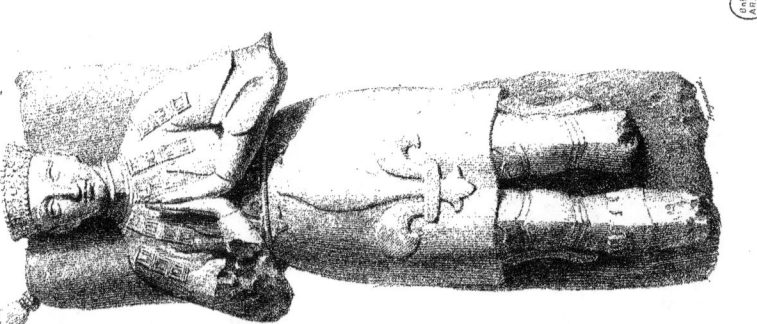
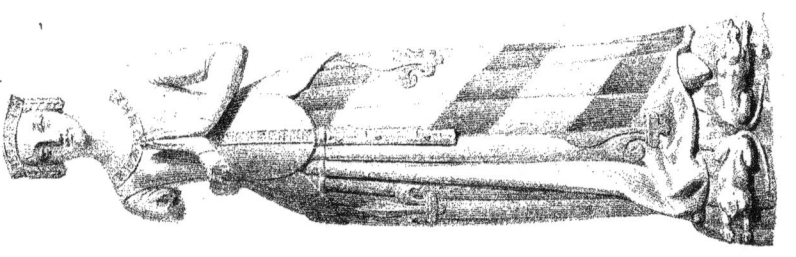
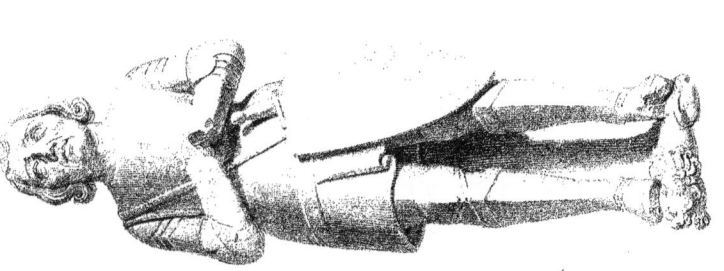

D'après des tombeaux des Comtes D'Eu.

Tréport.[1]

Tréport, qui ne compte plus qu'une rue de quelque apparence, des masures de pêcheurs dont l'aspect annonce la pauvreté, et pour tout monument, sa vieille église élevée et appuyée sur le flanc d'une énorme falaise, a vu anciennement des rues bien bâties, peuplées de nombreux habitants, et son port s'est quelquefois ouvert à cent navires.

Henri Ier, comte d'Eu, fit détourner en 1101 le cours de la Brêle, petite rivière qui baignoit alors le pied des huttes du village de Mers, aux frontières de Picardie, et dirigea son cours le long du Tréport vers l'occident. Ce bienfait d'un prince ami du peuple fut la première cause de la prospérité de ces parages, où se fixèrent peu à peu l'industrie et le commerce. François Ier protégea ce port contre les Anglois par la construction d'une tour qui n'existe plus. En 1554, Henri, duc de Guise, fit creuser au-devant de ce bâtiment un bassin propre à contenir des vaisseaux de deux et trois

---

(1) L'*Ulterior Portus* de César devant se trouver à la pointe de terre la plus avancée vers la Grande-Bretagne de cette partie de la Gaule, il est douteux que ce soit notre Tréport; mais il est incontestable en étymologie, et les traditions confirment celle-ci, que Tréport s'est appelé *Ulterior Portus* : identité de noms très commune d'ailleurs entre des lieux dont la position est analogue.

cents tonneaux. On construisit en même temps par ses ordres une jetée de bois, et on y joignit une forte palissade pour maintenir le cours de la rivière et défendre la jetée contre l'impétuosité des vagues et le heurt du galet. Ces travaux immenses n'ont pas même laissé de traces, mais ils durent contribuer à l'aisance et au bonheur de plusieurs générations. Ce souvenir n'a rien à envier aux plus fameux monuments.

La reconnoissance des habitants de Tréport associe au nom de ces princes celui d'un simple citoyen appelé Charles Myresse, qui détourna la rivière vers le nord, construisit une nouvelle jetée, et abandonna ses propriétés mêmes, pour le bien de son pays, aux nouveaux envahissements de la mer.

Des travaux plus modernes ont rendu le bassin assez commode. Nous y avons vu quelques pavillons des mers septentrionales. Des vaisseaux danois et norvégiens étoient venus apporter sur ces bords des sapins enlevés aux forêts des monts Dophrines pour la construction de nos bateaux de pêcheurs.

L'histoire de Tréport est désastreuse comme celle de toutes nos bourgades isolées sur les côtes de la Manche. En 1339 et en 1340, les Anglois y abordèrent avec cent vingt voiles. En 1413, ils passèrent tout au fil de l'épée et ne laissèrent de la ville qu'un monceau de cendres. Elle se relevoit à peine en 1545 et en 1572, quand la fureur des guerres civiles, succédant à la fureur des guerres nationales, renouvela ses désastres. Le sol qui la porte est formé de ruines. Ses habitants ont conservé sur leur physionomie quelques traces des afflictions de leurs pères. Ils sont généralement grands, forts et robustes; mais une expression sauvage les distingue des autres pêcheurs de la côte. Malgré le courage éprouvé de ces hardis navigateurs, ils ne sortent jamais du port pour le plus court voyage sans recevoir les embrassements de leur famille; et lorsque la voile brune se déploie, et que la barque penchée double la pointe de la petite baie, vous voyez les épouses, les mères et les filles, les suivre jusqu'à l'extrémité de la jetée, les suivre encore de l'œil sur les vagues, et ne ramener leurs regards vers la terre que lorsque le bâtiment s'évanouit comme un point insensible dans la ligne profonde de l'horizon. Alors elles reviennent lentement, levant de temps en temps la tête pour examiner les nuages, et cherchant des motifs d'espérer qu'il n'y aura pas de tempête.

L'église, dont le clocher sert de phare à toute la côte, et qui occupe peut-être le même site qu'un ancien établissement des templiers dont il ne reste pas de vestiges, a été construite en 1370. On y parvient par de longs escaliers qui conduisent à un porche d'un effet très pittoresque, et sur la droite desquels on laisse une croix d'un travail original et curieux. Au milieu du porche une petite niche renferme la divine patrone des marins et reçoit au départ l'expression de leurs vœux, au retour les offrandes de leur reconnoissance.

De ce point on découvre les longues falaises qui servent de digues à la Normandie et à la Picardie contre l'océan. C'est le dernier port de la Neustrie que nous visitons vers le nord. Vers l'occident, nous verrons se fermer le vaste cadre de ses rivages aux grèves du mont Saint-Michel.

Escalier de l'Église du Tréport.

Porche de l'Église du Tréport.

Vue Générale du Tréport.

Croix de l'Église du Tréport.

Le Manoir D'Ango.

Il n'a peut-être manqué aux pêcheurs et aux mariniers de Dieppe que des circonstances plus favorables et la protection d'un gouvernement plus attentif à ses propres intérêts, pour devancer et surpasser la gloire des Colomb et des Cortez, des Vespuce et des Gama. Dès le milieu du quatorzième siècle, des communications fréquentes existoient entre Dieppe et la côte de Guinée, dont aucun autre vaisseau européen n'avoit reconnu les rivages. Là s'élevoient déja des forts établis par nos intrépides Normands, et décorés par eux du nom de la superbe capitale de la France[1].

Parva Troja, simulataque magnis Pergama.

Un demi-siècle plus tard, une expédition destinée à consoler l'orgueil national de nos humiliations intérieures s'éloignoit du port de Dieppe sous la conduite d'un simple gentilhomme, nommé Jean de Béthencourt. Amiral aventureux d'une flotte équipée à ses frais, il alloit conquérir les

(1) Le grand et le petit Paris.

îles fortunées, et ceindre la couronne de ces royaumes de la mer, au moment où la couronne des Gaules tomboit du front abattu de Charles VI.

Formés par leurs expéditions lointaines et leurs luttes souvent heureuses avec les Anglois, éclairés par les conseils du savant Descaliers, qui étoit né parmi eux, et que l'on peut considérer comme l'inventeur de l'hydrographie, les navigateurs dieppois précédèrent de plusieurs années dans les mers de l'Inde et de l'Amérique leurs heureux compétiteurs Colomb et Gama. Cousin, qui étoit parti de Dieppe en 1488, y rentra l'année suivante, après avoir reconnu avant eux l'embouchure du fleuve des Amazones, auquel il donna le nom de *Maragnon*, et le cap de Bonne-Espérance, qu'il appela *cap des Aiguilles*[1]. Peu de temps après, le même voyageur doubla ce cap célèbre, et alla fonder dans l'Inde un commerce qui rivalisa long-temps avec celui des Portugais. Enfin, en 1508, deux autres Dieppois, excités par l'appât des trésors dont la renommée, plus prodigue encore que la nature, avoit enrichi l'Amérique, tentèrent les premiers l'embouchure du fleuve Saint-Laurent. Malheureusement les habitants de Dieppe, trop insouciants sur une priorité qui pouvoit être tous les jours contestée par la force, ou trop discrets sur ses avantages, n'essayèrent pas même d'intéresser à leurs découvertes la bienveillance, ou l'habileté, ou la cupidité du pouvoir, et virent bientôt passer dans d'autres mains l'héritage de leurs travaux et de leur gloire.

Cependant un commerce immense faisoit alors de Dieppe l'entrepôt où venoient s'échanger les productions de notre sol et de notre industrie contre les denrées des régions équatoriales. De nombreux vaisseaux pressés dans son port y versoient les richesses de l'Inde, et celles de ce pays qu'on pouvoit appeler à si juste titre *la Côte d'or*. Parmi ces armateurs dont le seizième siècle vit tout-à-coup grandir la fortune, il n'en est point qui ait obtenu des succès plus rapides et plus prodigieux que le fameux ANGO. Né dans la médiocrité, mais bientôt parvenu à l'indépendance et à la fortune par des expéditions heureuses dans les grandes

---

(1) Barthélemi Diaz l'avoit nommé quelques mois auparavant *le cap des Tourmentes*.

mers, l'accroissement et la multiplicité de ses entreprises lui ôtèrent la possibilité d'y prendre part en personne. Instruit toutefois par les observations qu'il venoit de recueillir dans des contrées peu connues, il continua d'en exploiter le commerce, d'abord avec des vaisseaux, et puis avec des flottes. Son pavillon pacifique mais imposant se déploya parmi les jonques élancées de la Chine, et le pont de ses bâtiments servit de bourse et de rendez-vous à l'industrie des antipodes.

Ango se montra digne des prodiges de sa destinée par le noble emploi qu'il en sut faire, et par la protection intelligente qu'il accorda aux arts renaissants. Heureuses les fortunes nouvelles qui s'accréditent par de tels bienfaits, et qui peuvent laisser à l'avenir d'autres titres et d'autres monuments que ceux de la vanité! En 1525, il fit bâtir une maison magnifique à Dieppe, et peu d'années après il orna Varengeville de ces charmantes constructions dont les ruines toujours charmantes attirent encore aujourd'hui l'admiration du voyageur. Il y avoit dans ce temps-là un instinct de durée qui anticipoit sur les siècles, et qui ne manquoit jamais son but. Nous avons vu construire et tomber vingt monuments aux débris desquels survivront long-temps les débris du Manoir d'Ango. La fortune de son fondateur étoit parvenue au plus haut degré de splendeur qu'elle fût destinée à atteindre, lorsqu'il eut l'honneur inexprimable de recevoir François Ier dans l'hôtel ou plutôt dans le palais dont il avoit embelli sa ville natale, et qui occupoit l'emplacement où s'élevèrent depuis les bâtiments de la congrégation de l'Oratoire. Tout ce que l'opulence peut rassembler de plus rare, tout ce que les arts peuvent créer de plus gracieux fut mis en œuvre par le riche Ango dans cette réception, dont la magnificence étonna jusqu'à la classe difficile à émouvoir de ces courtisans blasés, triste escorte des rois. François Ier jouit mieux de ces merveilles, dont il étoit l'appréciateur exercé, et qu'un juste retour sur lui-même pouvoit lui faire regarder comme son ouvrage, puisqu'elles étoient les produits d'un siècle soumis à l'impulsion de son goût et de son génie. De superbes tapisseries décoroient ses appartements; des arcs de triomphe s'ouvroient comme par enchantement au-devant de ses pas; de brillants et légers esquifs le promenoient sur la mer jusqu'aux plages qui descendent de Varengeville, et desquelles il parvenoit au MANOIR à travers des routes de fleurs. Des festins exquis où les mets les plus rares se pressoient sur un sable d'or émaillé de coquillages de toutes les couleurs, où les vins les plus précieux étinceloient dans des nefs de vermeil, et que charmoit l'harmonie variée des instruments et des chants, tribut légitime des muses à leur auguste protecteur, remplissoient ces délicieuses soirées de repos et d'oubli où le vainqueur de Marignan aimoit à déposer le faste de la grandeur et de la gloire. Qui nous redira dans ces ruines vénérables quel descendant des trouvères osa bégayer ses virelais et ses ballades provinciales devant le roi poëte, et quelle gente damoiselle, le front baissé, les joues colorées des roses de la pudeur, les yeux penchés vers la table et à demi voilés de longs cils blonds, s'effraya, non sans quelque mélange d'orgueil, d'avoir rencontré les regards du roi chevalier?

François Ier s'acquitta royalement envers son hôte, en lui conférant la place de commandant de la ville et du château de Dieppe. La prospérité d'ANGO étoit dès-lors si élevée qu'elle paroissoit défier toutes les atteintes de la fortune. Les Portugais, jaloux de son commerce dans les grandes Indes, ayant lâchement attaqué un de ses vaisseaux avec des forces trois fois supérieures, une flotte composée de seize ou dix-sept bâtiments alla bientôt exercer de justes représailles à l'embouchure du Tage, et porter le fer et la flamme sur les côtes les plus voisines de Lisbonne. L'orgueil de cette fière Lusitanie fut réduit à implorer l'intervention de François Ier dans ses débats avec un marchand de Dieppe, et ne l'obtint qu'au prix d'une expiation solennelle de l'insulte faite à ce pavillon plébéien. ANGO reçut l'ambassadeur avec sa magnificence ordinaire, et s'empressa de faire cesser les hostilités de son escadre. Jamais un traité de puissance à puissance ne fut exécuté avec plus de courtoisie. Les annales de la diplomatie ont pu quelquefois envier cet exemple aux annales du commerce.

Comme beaucoup d'autres favoris du sort, ANGO survécut à sa fortune. De nombreux revers vinrent assiéger sa vieillesse, et ulcérer son caractère. Trop accoutumé à voir fléchir devant lui jusqu'à la destinée, il se

LE MANOIR D'ANGO.

rendit odieux à ses concitoyens par ses hauteurs et ses violences; et, rebuté de ce peuple qu'il avoit si long-temps ébloui, Ango, déchu de sa longue prospérité, alla cacher au Manoir abandonné les humiliations de ses cheveux blancs. L'aspect même de la mer, qui lui avoit apporté tant de richesses, fut un tourment de plus pour ses derniers moments : elle n'obéissoit plus à ses vaisseaux.

Le Manoir d'Ango a subi comme son maître les vicissitudes infaillibles du temps; ce qui en reste rappelle l'heureuse époque de l'introduction des arts renaissants de l'Italie en France, sous le ministère éclairé du cardinal d'Amboise, sous le règne protecteur de Louis XII. L'architecte du Manoir, descendu des Alpes avec cette foule d'artistes qui couvrirent notre sol de tant de monuments, appartenoit sans doute au nord de cette terre classique, dont l'élégance la plus variée, l'exécution la plus finie, et, s'il est permis de s'exprimer ainsi, la couleur la plus *italique,* révèlent par-tout dans son ouvrage les brillantes inspirations. La galerie du Manoir et ses bizarres ajustements rappellent l'originalité et la grace des palais de Venise.

Cour du Manoir d'Ango
a Varengeville.

Manoir d'Ango.

Détails Manoir d'Ango.

Aumale.

Le plus ancien des seigneurs d'Aumale dont l'histoire ait conservé le nom, le comte Guérinfroy, fondoit en 996 le château et l'abbaye dont le souvenir recommande encore cette ville aux admirateurs de nos antiquités nationales. Il étoit rare qu'un souverain crût sa tâche accomplie quand il n'avoit bâti que des forteresses pour protéger les peuples les uns contre les autres, et qu'il n'avoit point élevé quelques autels pour les protéger contre leurs propres passions.

Aumale ou Aubemale n'est citée dans les annales de la Normandie que vers le dixième siècle. Cette belle abbaye de Saint-Martin d'Auchy, si célèbre dans les temps reculés par la magnificence de son église, détruite dans les guerres du siècle suivant, et rebâtie en 1448, n'a pas laissé plus de traces que l'histoire de son fondateur. La porte même de la maison abbatiale, rétablie à l'époque de la renaissance avec le goût exquis et les graces parfaites qui caractérisent ce nouvel âge des arts, a été renversée il y a peu de temps. Il ne reste de tout cela qu'une tradition; mais il y a une gloire si sûre à acquérir dans la protection que l'on accorde aux arts, que cette tradition toujours vivante a conservé, à côté du nom de Guérinfroy, le nom du bon abbé Guillaume de Tilly, premier commendataire de Saint-Martin, qui fit élever, entre autres bâtiments remarquables, la grande porte du monastère, et un vaste logis abbatial flanqué de quatre tours, dont la dernière qui a subsisté jusqu'à nos jours avoit conservé l'écusson de ses armes.

La porte récemment détruite portoit, comme presque tous les édifices de la même époque, le chiffre de François Ier, sa fameuse salamandre, et sa devise si connue¹. Des portraits, des croix de Lorraine, des initiales élégamment liées par des cordons sculptés avec beaucoup d'art, achevoient la décoration de ce riche portail. Une imagination ingénieuse et tendre a pu découvrir dans ces initiales et dans ces emblèmes les vestiges de quelques unes des nombreuses amours du plus galant des chevaliers et du plus aimable des rois. L'amour de ces temps romanesques étoit épuré par des idées si chastes et si délicates qu'il ne craignoit pas de confier le secret même de ses succès les plus profanes aux saintes murailles des temples et des monastères; déplacement d'idées bien insensé, bien incroyable, sans doute, mais qui ne pouvoit appartenir qu'à un siècle de courtoisie et de sensibilité.

Les fondements de l'édifice renfermoient un caveau où reposoient les dépouilles mortelles de plusieurs jeunes princes de la maison de Lorraine. Enlevés de ce caveau lors de la destruction de l'église, ils avoient été déposés dans les souterrains d'un autre temple, où leur tombe a été brisée une seconde fois, et les débris de leurs ossements une seconde fois mutilés à coups de pioche. Une ame pieuse recueillit ces restes sans formes, leur donna pendant de longues années un asile inconnu de la multitude, que la religion, alors proscrite comme eux, n'avoit peut-être pas béni, et ils reposent aujourd'hui dans le cimetière de l'église paroissiale en attendant d'autres révolutions.

La destinée d'AUMALE rappelle un grand nombre de ces catastrophes

---

(1) NUTRISCO ET EXTINGUO.

militaires qui font la gloire des rois guerriers et le malheur des nations. Cette ville fut prise en 1089 sur Robert, duc de Normandie, par Guillaume-le-Roux, roi d'Angleterre; et l'acquisition de ses armes fut confirmée par les traités. En 1192, Philippe, comte de Flandre, qui soutenoit le parti du jeune Henri, révolté contre Henri roi d'Angleterre, son père, attaqua AUMALE, l'emporta d'assaut, et fit sa garnison prisonnière. En 1189, ce furent les troupes de Richard Cœur-de-Lion qui y portèrent le pillage et la désolation. Reconquise en 1193 par celles de Philippe, rendue à Richard en 1195, et retombée un an après au pouvoir de Philippe-Auguste, elle n'offrit cette fois à ses vainqueurs qu'un amas de ruines et de cendres. Son enceinte, trop vaste désormais pour un petit nombre de citoyens échappés aux désastres de la guerre, fut réduite à des proportions conformes à sa malheureuse destinée; on ne lui laissa d'étendue que ce qu'il en falloit pour la clôture d'un cimetière ou d'un tombeau.

La ville d'AUMALE tire bien moins d'illustration aujourd'hui de l'honneur qu'elle reçut de Henri II qui l'érigea en duché-pairie, que de celui d'avoir été le théâtre de quelques uns des exploits de Henri IV. L'armée du duc de Parme étant campée sur les hauteurs qui environnent la ville au nord-est, le hasardeux Béarnois poussa une reconnoissance assez près des postes avancés pour éveiller leur attention. Un gros de cavaliers qui le poursuivit étoit même sur le point de le joindre, lorsqu'une femme appelée Jeanne Leclerc, dont le nom méritoit bien d'être conservé à la postérité, eut la présence d'esprit courageuse de baisser le pont de la porte de la longue-rue pour donner passage au roi, et de le relever entre lui et l'ennemi. C'est là qu'il reçut un coup de feu dans les reins au défaut de la cuirasse, d'un soldat qui fit partie depuis d'une compagnie de ses gardes, et qu'il montroit depuis avec gaieté au maréchal d'Estrées en lui rappelant l'événement de la journée d'AUMALE; et c'est à l'occasion de cet engagement téméraire que Duplessis-Mornay lui écrivoit ces lignes où respirent à-la-fois la pompe oratoire et la loyauté chevaleresque du temps : « Sire, vous avez assez fait l'Alexandre, il est temps que vous « fassiez le César. C'est à nous, Sire, à mourir pour Votre Majesté, et à

« vous est gloire, Sire, de vivre pour nous, et j'ose vous dire que ce vous
« est devoir [1]. »

Il doit rester peu de monuments importants dans une ville si souvent livrée aux fureurs de la guerre : trop de ruines encore récentes y ont recouvert à de fréquents intervalles les ruines de l'antiquité. Aussi n'avons-nous remarqué, après le joli monument de Saint-Martin d'Auchy, qu'un portail, de l'époque de la renaissance, qui orne l'église principale de la ville; le motif en est pur et les proportions de la plus rare élégance : le reste de l'édifice n'offre aucune espèce d'intérêt ni sous le rapport historique, ni sous le rapport des arts. Mais cette cité ancienne a du moins conservé une solennité de malheurs et une poésie de traditions qui ne nous permettoit pas de passer avec indifférence à côté de ses murailles; leur situation sur la pente d'un coteau délicieux, au bord du cours de la Brêle, dont les eaux vont se perdre à travers l'ombrage des bois voisins, entraîne l'ame, suivant le genre d'impressions auquel elle est le plus disposée par son propre penchant, dans de tendres rêveries ou dans des méditations profondes. Quant à moi, je m'étonnai pour la dixième fois, non sans une sorte d'orgueil, mais non sans un peu d'amertume, de me retrouver par-tout sur la trace belliqueuse de Richard Cœur-de-Lion, de Philippe-Auguste, de François Ier, de Henri IV! et peut-être plus impatient de ce cortége imposant de souvenirs qu'il ne conviendroit à l'historiographe de nos monuments, s'il étoit tout-à-fait digne de sa noble destina-

---

(1) « Le duc de Parme, dit Péréfixe, admira cette action, mais loua davantage le
« courage que notre Henry y avoit témoigné que sa prudence; car comme il luy eut
« envoyé demander ce qui luy sembloit de cette retraite, il répondit *qu'en effet elle
« estoit fort belle, mais que pour luy il ne se mettroit jamais en lieu d'où il fût contraint
« de se retirer.* C'estoit tacitement luy dire qu'un prince et un général doivent mieux
« se ménager. Aussi tous ses bons serviteurs vinrent dès le soir mesme le supplier de
« vouloir épargner sa personne, d'où dépendoit le salut de la France; et la reine d'An-
« gleterre, sa plus fidelle amie, le pria par lettres de se vouloir conserver, et de demeu-
« rer au moins dans les termes d'un grand capitaine, qui ne doit aller aux coups que
« dans la dernière extrémité. » *Histoire de* HENRY-LE-GRAND.

AUMALE. 35

tion, je me demandois quelles gloires innocentes, quelles vertus pacifiques et protectrices auroient fleuri parmi les habitants de ces belles contrées, dans un ordre de choses mieux approprié aux vrais besoins et au vrai bonheur des peuples, et quelles années pleines de charme auroit pu couler obscurément, au milieu de ces campagnes si souvent ravagées, un prince pasteur, le père et l'ami de ses sujets, dont le règne patriarcal ne tiendroit dans l'histoire que la place d'un long jour, tant il seroit pauvre en faits glorieux et en éclatantes infortunes!

Porte de l'abbatial de St Martin d'Auchi.
à Aumale.

Portail de l'Église d'Aumale.

Détail du portail de l'Église d'Aumale.

Gournay.

Non procul hinc vicum populosa gente superbum,
Divitiis plenum variis, famaque celebrem,
Rure situm plano, munitum triplice muro,
Deliciosa nimis speciosaque vallis habebat,
Nomine GORNACUM, *situ inexpugnabilis ipso....*

La ville à laquelle s'applique cette description est encore, comme aux jours de Guillaume-le-Breton, enveloppée des gazons verdoyants de la riante et délicieuse vallée qu'il a décrite avec une exactitude qui ne manque pas de grace; mais la triple muraille qui en défendoit l'entrée, et dont les créneaux et les machicoulis devoient se dessiner d'une manière si pittoresque au milieu de ce lac de verdure, a disparu depuis long-temps, et l'église de Saint-Hildevert reste seule dans son enceinte pacifique, pour attester que les générations ingénieuses et patientes du moyen âge n'ont pas dédaigné d'y prêter autrefois les ornements de l'art aux beautés incomparables de la plus riche nature.

Il paroît que les avantages qu'offroit l'habitation de ce point du cours de l'Epte pour la circulation entre ses deux rives furent appréciés de bonne heure; mais ce n'est pas l'industrie utile, le patriotisme et les arts qui fixent la chronologie tardive des peuples. Il fallut que le onzième siècle arrivât avec les sanglantes renommées de la guerre pour que le nom de GOURNAY commençât à figurer dans les pages de l'histoire. La bienfaisance de ses seigneurs envers quelques établissements religieux, objet assidu à cette époque des sollicitudes des grands, nous permet de remonter un peu plus loin dans ses annales, et de retrouver des traces de son existence au milieu de la nuit obscure qui couvre les hommes et les faits du dixième siècle, et à laquelle de pareils souvenirs ont presque seuls échappé. Il est probable que les ducs de Normandie s'étoient gardés de confier à des chefs vulgaires la défense d'une frontière si importante, et que nous devons voir dans les sires de GOURNAY les descendants de quelques uns de ces illustres chefs scandinaves qui venoient de se partager les dépouilles de la malheureuse Neustrie. Celui-là s'appeloit Eudes, si l'on en croit les traditions du pays; ses successeurs jouèrent un grand rôle à la cour des ducs et des rois normands, et depuis Guillaume jusqu'à Richard-Cœur-de-Lion, le nom des turbulents chevaliers aux armes noires[1] se rattache à toutes les transactions importantes et à la plupart des événements tragiques de cette histoire. L'un d'eux qui avoit reçu au baptême ou qui avoit repris dans les batailles le nom du redoutable chef de sa race, commande tour-à-tour les armées et les flottes du conquérant, et vient mourir en 1074, au château de ses pères, des blessures glorieuses du champ d'honneur. Girard, son fils, compense les cruautés inséparables de cette vie guerrière par une vie d'exil et d'humilité. Il expire sous le froc de Saint-Benoît. Girard II conduit les armées de Guillaume-le-Roux et préside dans ses conseils. Ses enfants étoient encore en bas âge quand il entreprit le voyage de la Terre-Sainte dont il ne devoit pas revenir; mais le roi Henri Ier, en mémoire des services de cet excellent serviteur, protégea leur adolescence d'une affection toute paternelle; la belle Gondrée fut fiancée à ce vaillant Néel d'Aubigny, l'un des chevaliers les plus puissants qui entourassent le

[1] Les seigneurs de GOURNAY portoient pour armes un écu noir ou de *sable pur*.

trône; le jeune Hugues fut élevé à la cour et remis en possession de tous ses biens au moment de sa majorité, acte d'une justice bien simple et d'une reconnoissance bien légitime, dont les exemples ne sont cependant pas communs. Faut-il ajouter que cet orphelin, dont la protection royale avoit presque fait un favori, ne tarda pas à déployer le caractère ingrat et perfide qui sembla devenir pour plusieurs siècles l'horrible insigne de sa race? Le premier usage qu'il fit des armes qu'il venoit de recevoir de ce tuteur royal, si bienveillant pour son enfance, fut de les tourner contre lui. Henri, qui l'avoit aimé comme père adoptif, voulut encore lui pardonner comme juge et comme roi; mais les chevaliers aux armes noires, s'il faut en croire tous les récits de ce temps, oublioient facilement la reconnoissance. Après avoir entraîné la ville de GOURNAY dans le désastre attiré sur lui par une nouvelle trahison envers Henri II, il alla mourir en Palestine à la suite de Louis-le-Jeune qu'il se proposoit peut-être de trahir encore. GOURNAY ne conserva de lui que son nom et les ruines que sa rébellion y avoit semées.

Hugues, son fils, accompagna le roi Richard au siége d'Acre, et fut l'un des chevaliers choisis par ce prince pour recevoir sa part du butin. Obligé à son retour de prendre part à la guerre que se livroient les deux puissants monarques dont la rivière d'Epte partageoit alors les états (car ce ruisseau a été en France le Scamandre ou le Rubicon du moyen âge, et il a souvent arrêté des Césars et des Achilles), Hugues mécontenta ses deux maîtres par ses lâches infidélités. La prudence ou le devoir l'avoit enfin ramené à la seule autorité légitime qu'il lui fût permis de reconnoître, quand Philippe-Auguste attaqua les remparts de GOURNAY, s'empara des domaines du tyran, et le repoussa dans ses propriétés d'Angleterre, où il finit obscurément des jours marqués par la déloyauté qui signaloit par-tout la funeste renommée des chevaliers aux armes noires. Les douceurs de l'hospitalité, la faveur d'une autorité propice toujours si chère aux proscrits, ne changèrent rien à leurs cruelles inclinations. Ils furent ingrats envers leurs bienfaiteurs comme ils l'avoient été envers leurs maîtres, et le dernier d'entre eux dont l'histoire ait recueilli le nom fut un des assassins du malheureux Édouard II. Après lui sa maison tomba pour ne plus se relever, terme accoutumé de la fortune des traîtres. L'écu de sable des chevaliers aux armes noires disparut pour jamais des trophées de la Normandie, et GOURNAY, donné en apanage aux princes du sang royal, passa, par divers degrés d'héritage ou d'acquisition, de Blanche d'Évreux, seconde femme de Philippe de Valois, et de Catherine de France, femme de Henri V, roi d'Angleterre, aux familles d'Orléans-Longueville et de Montmorency-Luxembourg. Une destinée cruelle paroît s'être attachée plus particulièrement aux cités dont nous venons de visiter les ruines et de récapituler l'histoire. Disputées entre tant de pouvoirs incertains, victimes de tant d'ambitieux, monuments de tant de désastres et de conquêtes, elles figurent dans l'histoire comme le théâtre d'une longue et horrible tragédie. Mais aucune ne fut plus malheureuse que GOURNAY, malheureuse sous tous ses maîtres, tombant de tyrannie en tyrannie et de calamités en calamités à chacune des révolutions qui ébranloient ces provinces, et changeant dix fois de souverains ou de persécuteurs en dix générations.

Les chevaliers aux armes noires s'étoient du moins réservé en espérance un refuge dans le ciel contre les justes reproches des peuples sur lesquels ils avoient exercé leur pouvoir. Bienfaiteurs de l'abbaye du Bec, fondateurs de Bray-Montier, de Beaubec, de Bellosane qui rappelle le nom classique de Jacques Amyot, et de la collégiale de Saint-Hildevert de GOURNAY, ils cherchoient à racheter par des institutions pieuses des actions que rien ne peut racheter devant la postérité. Ce retour d'une conscience malade a heureusement enfanté des monuments. La dernière de ces églises, qui est celle qui nous occupe, paroît avoir remplacé dans le courant du douzième siècle l'ancien temple où avoient été provisoirement déposés les restes de saint Hildevert. On peut croire cependant que la nef, plus ancienne, conserve dans ses chapiteaux bizarres et grossiers le style d'un siècle plus reculé dont aucune communication avec les élégantes inventions de l'Orient n'avoit encore réglé les écarts et adouci la barbarie.

GOURNAY.

C'est à Gournay que Philippe-Auguste fiançoit sa fille Marie avec le jeune Arthur, héritier des possessions et des droits des Plantagenets; c'est à Gournay qu'il armoit chevalier ce prince infortuné qui alloit périr peu de temps après, assassiné par les ordres de Jean-Sans-Terre; et c'est en mémoire de ce tragique événement que la ville de Gournay porte dans ses armes un chevalier monté et armé de pied en cap sur le sinistre écu de sable de ses anciens châtelains.

Église de St Hildebert.
à Gournay

Portail de l'Église de St Hildebert à Gournay

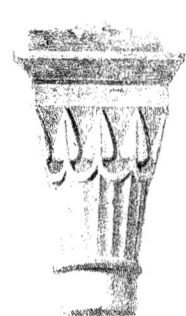

Détails de l'Église de St. Hildebert à Gournay.

Détails de l'Église de St Hildebert
à Gournay.

Détails de l'Église de St. Hildebert à Gournay.

Détails du portail de l'Église de St. Hildebert
à Gournay.

S.ᵗ Georges de Bocherville.

L'Angleterre n'étoit point encore courbée sous le joug des Normands, lorsque Raoul de Tancarville, chambellan et gouverneur de Guillaume, imagina de fonder une maison de chanoines dans la *campagne des bosquets;* car c'est là le sens du nom latin de Boscherville, et ses riches environs ont conservé tout le charme de leur beauté primitive. La date de ces constructions ne laisse aucune incertitude : l'élève de Raoul de Tancarville n'étoit pas roi quand il signa la charte de confirmation où elles sont décrites.

Il est peu d'églises dans l'ancienne France et l'ancienne chrétienté dont, pour nous servir d'une charmante expression angloise, l'ensemble soit plus *chaste* aux regards de l'artiste, c'est-à-dire plus exempt de disparates dans le style de ses diverses parties, et où l'on reconnoisse moins de traces de reconstructions ou d'additions modernes. Les deux petites campanilles du portique, et une seule fenêtre en ogive, sont tout ce que ce grand et majestueux ensemble présente d'étranger au plan du fondateur et au travail du premier architecte.

Une circonstance qui ajoute à l'intérêt de cette basilique, objet spécial de la sollicitude et des libéralités de Guillaume et de Mathilde, c'est que c'est là que la dépouille mortelle du vainqueur d'Hastings lui-même devoit recevoir les honneurs funèbres. Dépouillé, abandonné par des serviteurs ingrats au moment où il venoit de rendre les derniers soupirs, ce grand homme étoit resté nu sur son lit de mort pendant plusieurs heures, avant que le tumulte qui suit long-temps une bataille finie, et l'ivresse du pillage qui en prolonge les horreurs, eussent permis à un soldat fidèle de s'occuper d'ensevelir son roi, et de procurer un tombeau au plus fameux capitaine de ces temps intermédiaires. Ce prince, qui étoit né l'héritier d'un duché et qui avoit gagné un empire, faillit manquer d'un cercueil.

Les moines et les prêtres de Saint-Georges-de-Boscherville le conduisirent enfin processionnellement à leur église, où s'accomplirent les rites accoutumés des funérailles. Un simple chevalier, nommé Helluin, se chargea par reconnoissance ou par piété des frais de l'enterrement du roi d'Angleterre.

Depuis cette époque, l'histoire de l'abbaye de Saint-Georges-de-Boscherville n'est guère que celle de ses religieux et de leurs nobles protecteurs, ces illustres Tancarville dont le nom se reproduit si souvent dans les annales de l'ancienne Normandie. Les dépôts de la province ont conservé leurs chartes[1], et le sol du chapitre avoit conservé leurs tombeaux. Parmi ceux qui frappoient le plus l'attention des voyageurs dans cette partie du monument, on remarquoit celui de l'abbé Victor, qui l'avoit fait bâtir, et y étoit mort plein de jours en 1211; et celui de Guillaume II

---

[1] L'un de ces actes précieux, qui date de la neuvième année du règne de Richard Cœur-de-Lion, est scellé d'un grand sceau de cire rouge, où l'on voit d'un côté le roi Richard sur son trône avec une barbe pointue, la couronne en tête, tenant une épée d'une main et le sceptre de l'autre. A la face opposée, il est représenté à cheval, la tête couverte d'un casque cylindrique avec un cimier bizarre en éventail. Sur son bouclier passé au bras gauche, on distingue les trois lions *léopardés* qu'il adopta pour armoiries après la perte de son premier sceau.

SAINT-GEORGES-DE-BOSCHERVILLE. 45

de Tancarville, petit-fils du fondateur, dont la pierre tumulaire ne portoit d'ornement qu'une épée, noble insigne d'un chevalier moins fier de ses armoiries que de ses armes.

Les cloîtres de Saint-Georges-de-Boscherville ont servi d'asile au dernier descendant des fondateurs et des protecteurs de cette abbaye, Jean-Louis-Charles d'Orléans-Longueville, en qui s'éteignit à-la-fois le noble sang des chambellans de Tancarville, et la glorieuse race de ce bâtard de Dunois, légitimé par la victoire, auquel Valentine de Milan avoit coutume de dire ces paroles touchantes : « Vous m'avez esté *emblé*, « mais je ne vous en aime pas moins. »

Église de l'Abbaye de St Georges de Bocherville.

Portail de l'Église de St Georges de Bocherville.

Intérieur de l'Église de l'abbaye de St georges de Bocherville.

Chapelle de la branche latérale de la croix
côté du midi, de l'Église de St georges de Bocherville.

Abside de l'Église de l'Abbaye de St Georges de Bocherville.

Ruines du Cloître de l'Abbaye de St Georges de Bocherville.

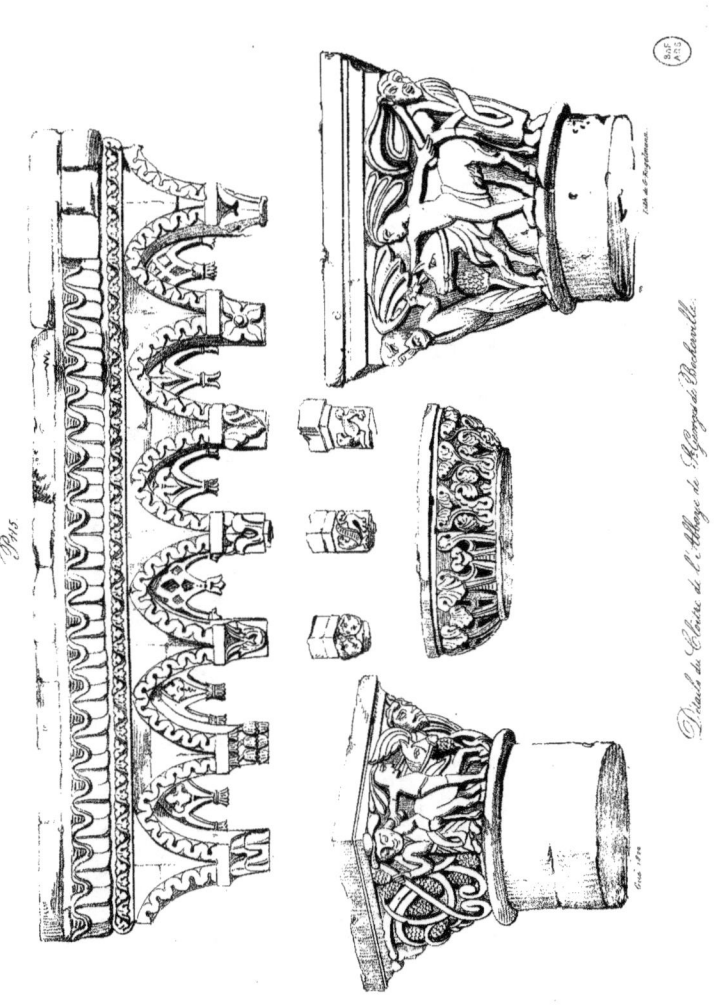

Pl. 15

Détails du Chœur de l'Abbaye de St. Georges de Bocherville.

Détails du Cloître de l'Abbaye de St. Georges de Bocherville.

Détails de l'Église de St Georges de Bocherville

Pl. 115.

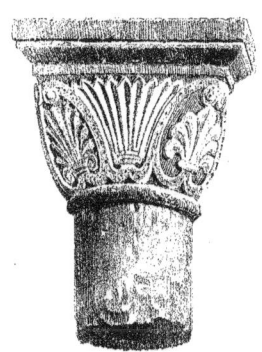

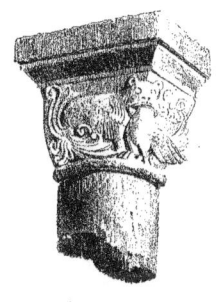

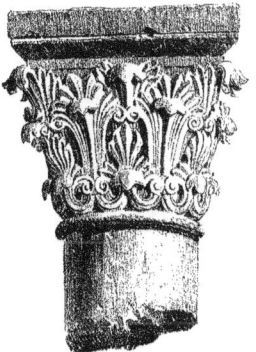

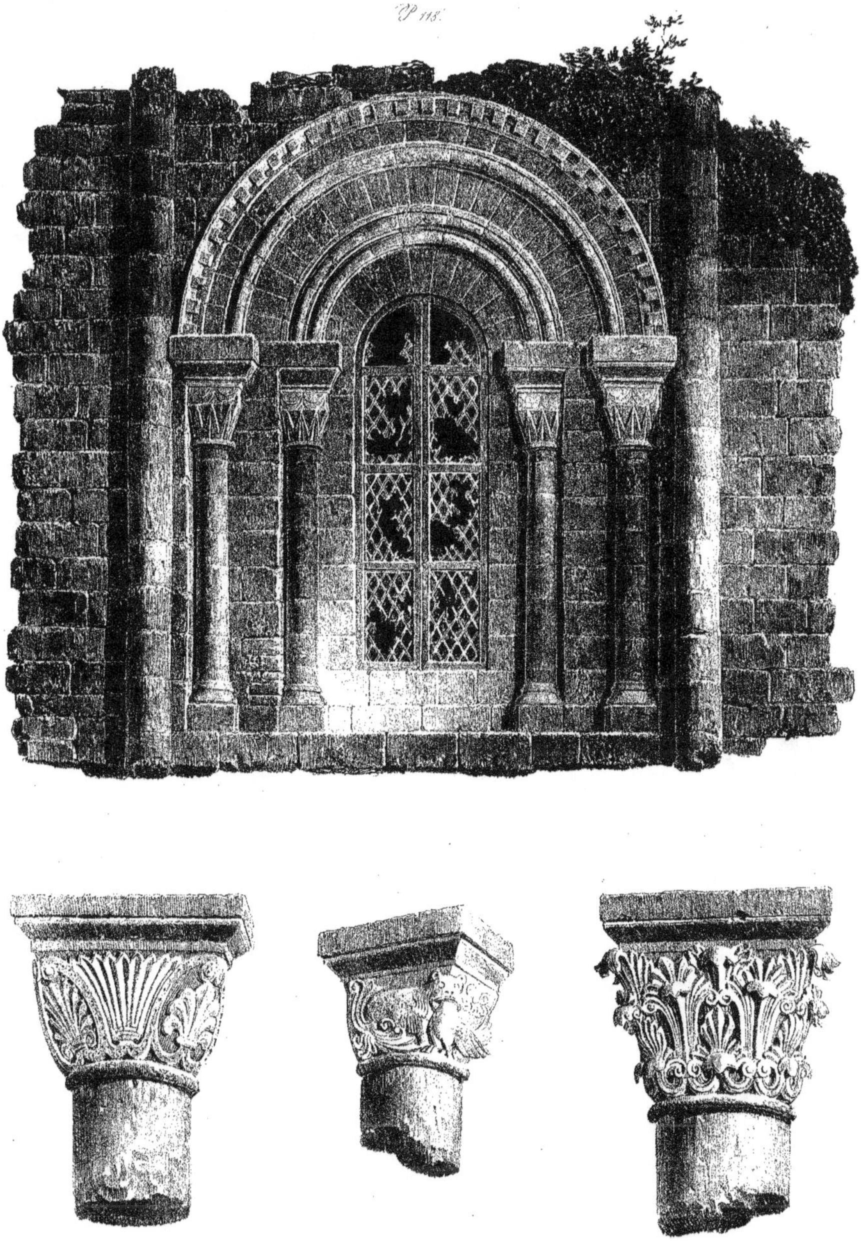

Fragonard 1822. Lith. de G. Engelmann.

Détails de l'Abbaye de St. Georges de Bocherville.

Détails de l'Abbaye de St. Georges de Bocherville.

Détails du grand portique de l'Église de St. Georges de Boscherville.

Détail du grand portique de l'Église de Rejanges de Barbastille.

Pl. 122.

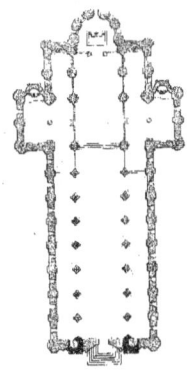

Plan de l'église, détails du cloître et de l'église de St Georges de Bocherville.

Rouen.

MONUMENTS RELIGIEUX.

LA CATHÉDRALE.

Il n'existe guère de villes en France où les laborieuses générations des temps intermédiaires aient laissé plus de traces qu'à Rouen. Il n'en est point peut-être qui présente une physionomie plus individuelle, plus caractérisée, plus différente de celle de nos cités modernes par l'aspect et par la distribution, plus riche en magnifiques monuments qui attestent les heureuses inspirations et la courageuse patience des artistes du moyen âge. Dix siècles rivaux de zèle et de gloire ont contribué à ces pieux travaux, et si quelques uns des précieux anneaux de cette chaîne de chefs-d'œuvre ont cédé aux atteintes des barbares ou à l'action du temps, du moins la ville de Rouen la voit avec orgueil se prolonger jusqu'à nos jours, et promettre de signaler encore le dix-neuvième siècle par de nobles et importantes reconstructions. C'est la destinée des sociétés modernes auxquelles il n'est peut-être pas donné de rien fonder de nouveau, et dont la triste, mais utile sollicitude, se borne à réparer sans cesse. Toutes les sciences de l'homme sont réduites au même point que celle du conservateur des temples gothiques : elles n'opèrent que sur des ruines.

Le voyageur étonné de la multitude d'édifices anciens qui s'offrent par-tout à ses yeux, ne l'est pas moins du contraste singulier qu'oppose à cette profusion extraordinaire des merveilles de l'art, la pauvreté extérieure des rues sombres et tortueuses qui y conduisent, et le défaut d'élégance et de solidité qui se fait remarquer dans presque toutes les maisons. Il croit parcourir alors une ville des temps passés, bâtie pour des hommes dont la race n'existe plus sur la terre, et nouvellement découverte par quelque tribu insouciante qui a transporté pour une saison son domicile passager au pied de ses murailles, sans prendre la peine d'y assurer son séjour comme les premiers habitants par des constructions éternelles. Dans les sociétés avancées, les générations semblent n'occuper sur le sol que des habitations précaires, comme l'emplacement d'une caravane. Il ne reste rien de leur passage parcequ'elles ne préparent rien pour l'avenir. On diroit qu'elles ont reçu la révélation de quelque grande catastrophe politique ou naturelle qui doit effacer avant peu jusqu'à leurs traces, et qu'elles dédaignent d'ériger des édifices inutiles pour la mort et le néant. L'aspect de ROUEN fait naître l'idée d'une cité toute gothique, qui récemment dégagée des immenses débris sous lesquels elle avoit caché, pendant des siècles, la flèche de ses basiliques et le faîte de ses palais, réuniroit tout-à-coup un peuple de curieux empressés de la contempler, et ne verroit s'élever dans l'espace qui sépare ses monuments que l'architecture disparate et fragile des hôtelleries et des bazars. Telle seroit la Palmyre ou l'Herculanum du moyen âge.

La cathédrale de ROUEN, le premier de ces monuments par ordre d'importance, avoit été entièrement détruite par l'incendie de l'an 1200. Malgré la gravité des événements qui après trois siècles de séparation replaçoient la Normandie sous la puissance immédiate des rois de France, il paroît que la nouvelle construction fut suivie avec une incroyable activité, puisque dès l'année 1217 on ne s'occupoit plus que des parties secondaires de cette entreprise gigantesque dont l'immensité effraie aujourd'hui la pensée. L'église actuelle est donc dans sa masse principale l'ouvrage des premières années du treizième siècle, mais avec quelques parties plus anciennes, et beaucoup d'autres qui ont été ajoutées postérieurement, ou qui ont subi des modifications considérables. La chapelle de la Vierge appartient au commencement du quatorzième siècle, les deux portails latéraux au siècle suivant; le grand portail, la tour de Beurre et la pyramide, magnifiques témoins de la libéralité des d'Amboise, s'élevèrent durant le cours des cent années qui succédèrent à cette dernière époque. On chercheroit inutilement dans la réunion de ces constructions hétérogènes, ce charme de l'ensemble que fait naître l'aspect d'une distribution harmonieuse et simultanée; certaines offensent même l'esprit par un défaut qu'il pardonne rarement en architecture, l'absence d'utilité qui n'est rachetée par aucun effet agréable. Telles sont entre autres les doubles arcades qui embarrassent la colonnade intérieure de la nef, et qui, conservées sans motif après la suppression de la galerie qu'elles supportoient, ont long-temps exercé vainement la sagacité des antiquaires. A ces incohérences fâcheuses, le dix-huitième siècle est venu en joindre une plus choquante encore. Un jubé d'ordre ionique en marbre blanc qui brise brusquement toutes les lignes et heurte avec violence toutes les couleurs, semble avoir été placé entre la nef et le chœur de cette basilique inégale mais imposante, pour prouver qu'il y a quelque chose de pire dans les arts que l'ignorance absolue des règles du goût: c'est le mauvais goût. Il faut suivre maintenant le pourtour du chœur pour trouver des traces, non encore effacées, du style primitif du monument. Là, des fenêtres à lancettes, la plupart géminées et bariolées des plus brillantes couleurs du prisme, attirent les regards de l'observateur par l'élégance bizarre de leur forme ou la vivacité éblouissante de leurs peintures, et fixent sa pensée sur cette foule de notions variées dont leur étude peut enrichir l'histoire de l'art. Mais que sont ces émotions auprès de celles qui assaillent son ame, quand il se représente, en foulant ce pavé usé par tant de générations et sous lequel dorment tant d'illustres morts, tous les souvenirs historiques qui se rattachent à son enceinte sacrée; quand il ne craint pas de les évoquer dans le silence solennel de la solitude, et que tous les tombeaux lui répondent: Ceux-ci, chefs-d'œuvre de la glorieuse époque de la RENAISSANCE, qui concourent avec un beau tableau de Philippe de Champagne à l'ornement de la chapelle de la Vierge, étalent les titres éclatants des cardinaux d'Amboise et de l'amiral de Brezé; celui de cet archevêque, leur voisin dans le séjour de la mort, ne dit rien à la mémoire. L'artiste occupé de vous montrer l'ame du juste prenant son vol vers les cieux, a oublié de tracer sur le marbre le nom que ce saint portoit sur la terre. Osez pénétrer dans l'ombre de ces arcades enfoncées. Ces deux figures plongées dans le repos du dernier sommeil, c'est le redoutable Rollon, c'est le pieux Guillaume de la longue-épée : qui ne chercheroit avec avidité dans ces images informes dont tant de jours ont altéré les traits et le caractère, quelques traces d'une ressemblance confuse? qui ne voudroit connoître ces guerriers qui voyoient devant eux tous les rangs s'ouvrir et tous les remparts s'abaisser; ces législateurs qui façonnèrent au joug honorable des institutions, des peuples trop faciles alors à soumettre au joug du pouvoir; ces héros qui conquéroient le monde comme les demi-dieux des temps fabuleux pour l'éclairer et pour le défendre, qui devancèrent si vite les souverains parmi lesquels ils venoient prendre place, dans la culture des sciences de la civilisation, et que de vastes états qui les reconnoissent pour les auteurs de leurs meilleures lois et les fondateurs de leurs plus beaux monuments, appellent encore des barbares?

D'autres tombes s'élevoient jadis dans la nef à côté de celles-ci, et partageoient avec elles les respects des voyageurs. Quelques unes, comme celle du cardinal d'Estouteville, un des plus illustres prélats et des bienfaiteurs les plus zélés de cette église, ont disparu depuis long-temps sous le marteau des iconoclastes du seizième siècle. Vestiges d'une fureur sans courage qui ne respecta ni le tombeau des rois, ni les barrières du sanctuaire, quelques froides inscriptions gravées sur les larges dalles du chœur, restent seules pour marquer l'ancienne place du monument, ou celle qui a reçu les nobles dépouilles que ses ruines découvrirent à l'œil des profanateurs. L'une désigne le dernier séjour du jeune Henri, fils couronné de Henri II, roi d'Angleterre; monarque adolescent dont le sceptre ne pesa point sur la terre, et qui doit peut-être au bonheur de sa mort prématurée celui d'avoir été regretté par deux provinces qui se disputèrent sa cendre. Une autre couvre les entrailles d'un des meilleurs princes qui aient porté la couronne des fleurs de lis, Charles V, que ses contemporains appelèrent *le sage*, et auquel l'histoire a conservé ce nom. Plus loin, recueillez-vous un moment, vous qu'ont bercé les rêves délicieux des muses, et dont le sein palpite à la pensée d'une gloire chevaleresque. Cette pierre presse le cœur généreux de Richard, de ce paladin troubadour, la riche fleur des Plantagenets, et le plus aventureux des rois soldats du moyen âge. Tombé à Chalus sous une flèche empoisonnée, dans l'éclat de sa force, de sa bravoure et de son génie, il laissa ce gage de ses dernières affections, à la principale église d'une ville qui lui étoit chère. Qu'il seroit à plaindre le matérialiste à l'ame glacée qui dans la destinée de ce COEUR-DE-LION, trésor de poésie et d'amour, dont la poussière attend au pied du saint des saints l'étincelle de l'immortalité, ne trouveroit pas quelque révélation de l'avenir!

Les attentats qui ont dépouillé la cathédrale de ROUEN de la triste pompe de ces tombeaux pourroient être attribués à plusieurs époques différentes. Toutes les fois que l'homme abandonné à ses passions brise le frein salutaire des anciennes disciplines religieuses ou civiles qui en réprimoient la licence, il est rare qu'il ne porte pas jusqu'à la frénésie l'ivresse de sa funeste liberté; mais le sacrilége dont nous parlons et que déplorent encore la piété et les arts, eut un caractère particulier qui le rend difficile à comprendre. Froidement consommé par les mains habiles qui introduisoient dans nos temples du moyen âge les molles créations du ciseau ionien, il marque une double époque d'insouciance barbare dans les mœurs, et de rafinement dans le goût. On diroit qu'une colonie païenne, inspirée des croyances de la théogonie grecque aussi bien que des règles de la statuaire classique, a passé en ce lieu, et qu'elle n'a vu dans l'occasion d'orner le sanctuaire d'une religion nouvelle, qu'un prétexte pour satisfaire à ses dieux en outrageant quelques unes de nos solennités.

En visitant l'emplacement de ces sépultures qui, pour rappeler l'expression énergique et profonde de Tertullien, ne sont plus même des sépultures, nous avons omis de parler de celle d'un des hommes qui se sont assis le plus près du trône des rois, de ce Jean duc de Bedford, en qui l'impartialité de l'histoire nous prescriroit peut-être d'honorer les vertus d'un ennemi. Il est si difficile d'être impartial en parlant de Bedford quand on écrit près de la place où fuma le bûcher de Jeanne-d'Arc!

Tous les portails de la cathédrale de ROUEN sont dignes d'être remarqués, mais c'est sur-tout sa principale façade à l'occident, due à la munificence éclairée des D'Amboise, qui frappe les yeux par son étendue imposante, sa riche décoration, l'incroyable variété des détails dont elle se compose, et l'aspect des deux belles tours qui la couronnent[1]. Cependant l'extérieur du monument tout entier n'a plus rien à comparer ni pour la grandeur ni pour l'élégance, à la brillante et légère pyramide qui le surmontoit encore il y a peu de mois, et qui prêtoit tant de charme aux points de vue de l'édifice, de la ville, et du délicieux paysage qui l'encadre de sa riante bordure. Construite sur les ruines de flèches encore plus élevées, par le dernier de ces cardinaux dont nous avons eu souvent à rappeler les bienfaits, elle comptoit environ trois siècles d'existence, lorsque, le 15 septembre 1822, la foudre se rouvrant des chemins qu'elle avoit déja tant de fois parcourus, vint frapper sa croix, sillonner toute sa surface, et porter la flamme au milieu de son immense charpente. Une heure s'étoit à peine écoulée lorsque les nombreux spectateurs de cette scène de désolation virent la pyramide, minée par sa base et consumée dans toute sa hauteur, chanceler sur ses solives brûlantes, s'ébranler, s'abattre, et joncher de débris incendiaires le toit d'une maison voisine.

(1) L'une de ces tours qui est de la même époque renfermoit jadis la monstrueuse cloche connue sous le nom de *Georges D'Amboise*, et porte elle-même le nom de *Tour D'Amboise*, ou de *Tour de Beurre*, parcequ'elle fut en grande partie bâtie du produit d'indulgences par lesquelles les fidèles obtenoient au commencement du seizième siècle l'usage du beurre et du laitage pendant le carême, usage alors sévèrement prohibé par l'église.

Ainsi disparut ce phare de la religion qui avoit annoncé à dix générations pieuses l'enceinte de la prière, et qui, détruit en peu d'instants, se fait encore remarquer par son absence dans cette vaste perspective dont il étoit un des principaux ornements. Le navigateur accoutumé à voir ses profils élancés se dessiner dans les cieux, le cherchera plus d'une fois sur l'horizon où il s'élevoit comme la hune d'un navire aérien au-dessus de la forêt de mâts qui hérisse le port.

Tout ce que le dévouement du courage et les ressources de l'habileté peuvent opposer aux progrès de l'incendie, tout ce qui peut contribuer à la réparation de ses horribles ravages, a été mis en œuvre dans cette circonstance tristement mémorable. Déjà la toiture du chœur et de la nef se rétablit avec rapidité, et les habitants de ROUEN partagent avec tous les amis de la religion et des arts l'espoir de voir bientôt renaître pour la troisième fois de ses ruines un monument qui sembloit, comme l'échelle mystérieuse de Jacob, unir le ciel à la terre.

Vue générale de la Cathédrale.
Rouen.

Portail du Nord, dit des Libraires.

Portail du Midi ou de la Calendre.
Rouen

Abside de la Cathédrale
Rouen

Intérieur de la Cathédrale
Rouen

Sacristie de la Cathédrale

Escalier de la Bibliothèque de la Cathédrale.
Rouen

Portes d'Entrée en avant du Portail des Libraires.
Rouen.

Porte latérale de la façade principale de la Cathédrale.
Rouen.

Salle basse du Cloître de Notre-Dame.
Rouen.

Salle basse du cloître de la Cathédrale

Tombeau de Louis de Brézé,
Grand Sénéchal de Normandie
Rouen.

Tombeau du Cardinal d'Amboise.
Rouen.

Bas relief du grand portail de la Cathédrale.

Bas-Relief du Portail des Pilets de la Calende.
Rouen.

Bas relief d'une des portes latérales de la Cathédrale de Rouen

Fragment du Portail du Midi dit de la Calende.
Rouen.

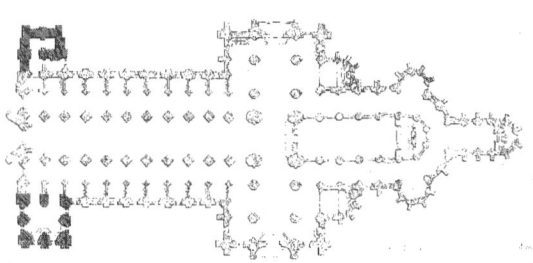

Détails de la façade Latérale S.te Marie du Belle

Porte de l'Escalier de la Bibliothèque de la Cathédrale. Fragment d'un Tombeau du 15.e siècle. Statue de Guillaume-Longue-épée.

Pl.1.

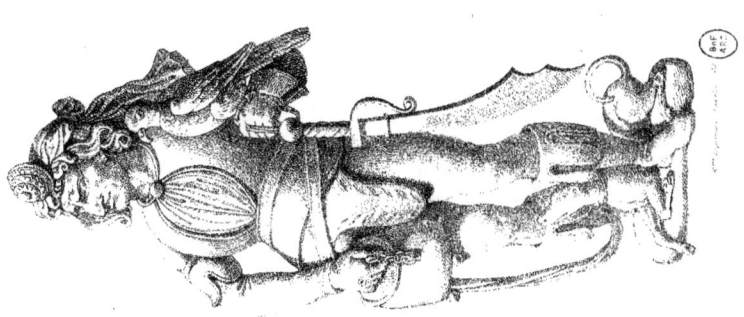

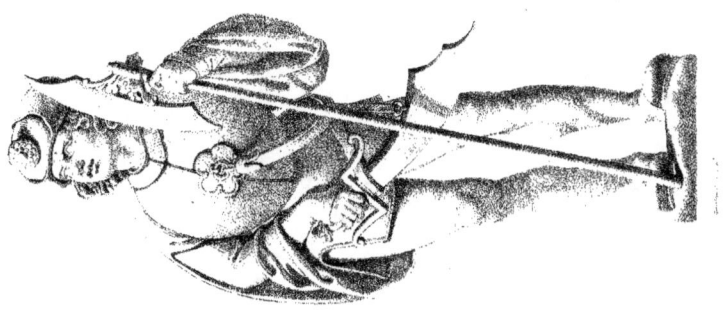

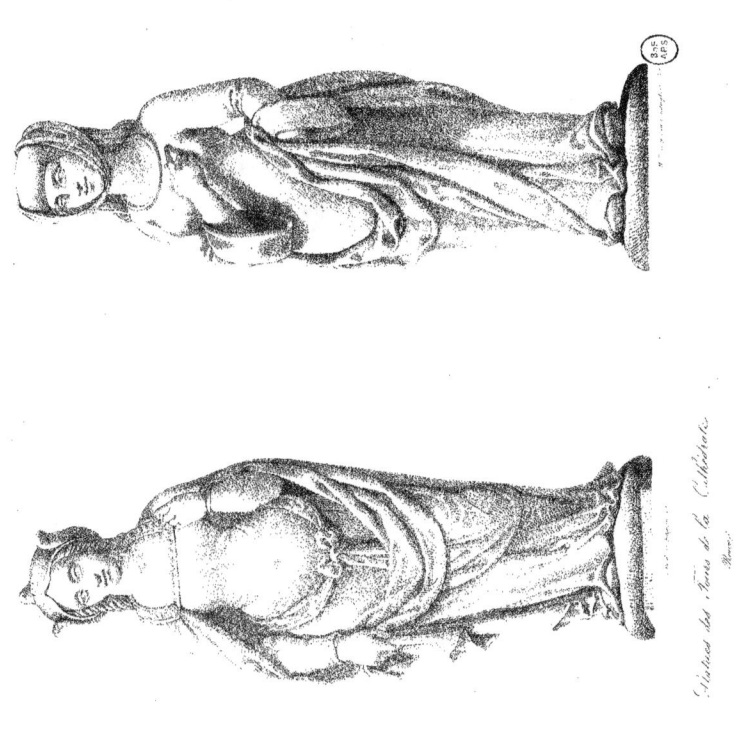

Statues des Tours de la Cathédrale.

Rouen.

MONUMENTS RELIGIEUX.

SAINT-OUEN.

En rapportant la cathédrale de Rouen au treizième siècle, époque de sa principale reconstruction, nous n'avons point dissimulé l'impossibilité d'assigner un caractère déterminé à cette réunion de parties dissemblables de style et d'effet dont elle se compose, et c'est plutôt dans la magnificence de quelques accessoires importants que dans l'expression générale de l'ensemble que nous avons trouvé de justes sujets d'admiration. Plus heureux dans le monument que nous présenterons comme type de l'architecture du quatorzième siècle, nous n'aurons pas même à regretter que l'immensité de sa masse et la durée de deux siècles, pendant lesquels se sont prolongés les travaux de sa construction, aient porté le moindre préjudice sensible à la majestueuse unité de cet édifice et à l'harmonie de ses détails. Sans les renseignements qui éclairent son histoire, et quelques légères circonstances visibles seulement pour les yeux exercés de l'artiste, on se persuaderoit au contraire qu'il s'est élancé d'un seul jet au-dessus du sol, à la voix de son fondateur, l'illustre abbé Jean Roussel dit *Marc d'argent,* qui en posa la première pierre en 1318. On a déjà déviné que nous voulions parler de cette église de Saint-Ouen, la merveille et la gloire de l'architecture gothique, et l'une des plus belles basiliques qu'ait élevées la main des hommes, comme se plaisent à le reconnoître les antiquaires anglois eux-mêmes, appréciateurs si instruits et si judicieux de ce genre de monuments.

Les édifices antérieurs à l'invasion des Normands sont nécessairement fort rares dans la province qui a reçu leur nom. A part quelques églises que nous visiterons tout-à-l'heure sans égard à leur primauté chronologique, tant les voyageurs sont semblables aux enfants qui se laissent frapper par les objets les plus apparents, la marche dévorante des conquêtes a épargné peu de ces vénérables antiquités. Il n'existe plus rien de cette église en bois de Saint-Martin sur Renelle, temple vraiment primitif d'un peuple simple, où Prétextat fiança Brunehaut avec le jeune Mérovée, ni de celle qui fut érigée par Clotaire sur l'emplacement actuel de Saint-Ouen, et dont la magnificence est attestée par les écrivains des siècles suivants. Les hommes du Nord régnèrent long-temps au milieu des ruines qu'ils avoient faites sans essayer de les relever, comme si la gloire de reconstruire ne pouvoit appartenir aux mains que la destruction a souillées.

Ce n'est guère qu'au onzième siècle que se développa en France, et sur-tout en Normandie, cette noble émulation des fondations pieuses qui, suivant l'expression hardiment pittoresque d'un auteur contemporain, couvrit la terre purifiée d'un blanc manteau d'églises et de monastères. L'église à laquelle est demeuré attaché le nom d'un de ses plus illustres pontifes, imparfaitement réparée jusque-là, recouvra tout-à-coup son ancienne splendeur, mais il nous reste peu de chose de ces anciennes constructions qui firent bientôt place à des constructions plus magnifiques encore. L'abside latérale de Saint-Ouen connue sous le nom de *Chambre aux clercs*, seul fragment de l'édifice actuel qu'on puisse rapporter à cette époque intermédiaire, et qui semble s'être conservée miraculeusement entre les deux masses immenses de la nouvelle église et du dortoir par lesquelles elle est si étroitement pressée, donne cependant une haute idée du monument auquel elle appartenoit, et prouve que l'édifice de l'abbé Nicolas de Normandie[1] étoit digne de succéder à l'église de Clotaire, et d'occuper cet heureux territoire prédestiné à se couvrir trois fois de suite des plus imposantes merveilles de l'architecture.

Une grande révolution commençoit à s'opérer dans ce bel art. L'emploi de cette architecture secondaire, qui remonte à l'architecture classique à peu près par le même ordre de filiation que celui qui existe entre l'idiome du peuple roi et les dialectes modernes de l'Europe méridionale, après avoir parcouru toutes les périodes de la dégénération, touchoit enfin à son terme. Aux voûtes à plein cintre, aux pesantes arcades, aux profils rectilignes et semi-circulaires, alloient succéder les arceaux élancés, les élégants faisceaux de colonnes souples et légères, les figures anguleuses et pyramidales. A quel homme, à quel peuple, à quel objet d'imitation peut-on faire honneur de cette innovation brillante que le goût classique n'a pas approuvée, mais qui a signalé un âge ingénieux et puissant par des productions immortelles? naquit-elle lentement dans l'Occident des combinaisons de l'ancien système, ou bien nous fut-elle rapportée de l'Orient par ces guerriers des croisades qui unissoient le sentiment des arts à l'enthousiasme de la gloire et au dévouement de la foi? Si tout ce que les chefs-d'œuvre du moyen âge ont d'enchanteur rappelle généralement cette origine, il nous seroit quelquefois plus agréable de l'oublier. Le ciel de la patrie est-il donc si disgracié de ces beautés sublimes qui font les artistes et les poëtes? Et que manque-t-il au charme inspirateur de nos campagnes pour une âme capable de le goûter? Il n'est question ici que de l'architecture; mais nos forêts de mélèzes et de sapins n'ont-elles jamais représenté à la pensée du créateur des monuments, n'ont-elles jamais ouvert devant lui dans leurs étroites allées, si hautes et si profondes, sous la voûte brisée où leurs rameaux se coupent sans se confondre, la nef austère des temples gothiques? n'a-t-il jamais vu sans s'éloigner de nos climats un groupe de tiges sœurs élever dans les nues

(1) Il étoit cousin-germain de Guillaume-le-Conquérant.

leurs fûts égaux et pressés autour du tronc paternel, et leurs branches supérieures s'épanouir en couronne comme dans la colonne composée? Il ne manque à cette illusion, ni le bruit vague du vent qui crie et gémit à la cime des grands arbres comme au faîte des grands bâtiments, ni le jeu singulier de la lumière dont les jets descendent épars et agités du réseau mouvant des feuillages, comme à travers les compartiments des vitraux.

Au commencement du quatorzième siècle, il n'existoit plus de l'église ancienne que les débris échappés aux incendies de 1136 et 1248. Aidé des libéralités des rois et de celles du comte de Valois, l'abbé Jean Roussel osa entreprendre l'œuvre immense de cette réédification devant lequel avoient reculé plusieurs de ses prédécesseurs, et le conduisit jusqu'à la croisée de l'église. Il est même à présumer qu'aucun architecte ne partagea sa gloire, car les pasteurs de cette époque rappeloient dans leurs saintes tribus les patriarches du premier âge. Ils devoient être propres comme eux à construire et à gouverner. Le travail avança peu pendant les désastres qui marquèrent la fin du quatorzième siècle et le commencement du siècle suivant. C'est néanmoins durant l'occupation angloise qu'Alexandre de Berneval, sculpteur et peintre sur verre, attacha son nom aux magnifiques roses de la croisée dont l'une seulement est son ouvrage. L'historienne crédule et hyperbolique mais naïve et ingénieuse du peuple, la tradition raconte qu'un de ses élèves exécuta l'autre, et paya de sa vie le succès inattendu de cette rivalité téméraire. Comme ce genre de narration a toujours sa moralité, la tradition ajoute que l'assassin fut puni de la mort qui étoit due à son forfait, mais sans perdre les derniers honneurs qui étoient dus à son génie. Détaché du gibet par les religieux, et transporté avec pompe dans l'église qu'avoit embellie son ciseau, il y repose près de sa victime dont la figure semble tracée sur la tombe commune pour servir de témoignage à cette tragique aventure.

Il étoit réservé à deux prélats successivement abbés commendataires de SAINT-OUEN, les cardinaux Bohier et Cibo, de conduire cet édifice au degré d'avancement, ou plutôt de perfection, auquel nous le voyons parvenu. Le premier, « *qui estoit grand bastisseur* », au rapport des chroniques contemporaines, avoit aussi érigé un palais abbatial dont la destruction récente n'accusera pas les aveugles fureurs des révolutions, moins honteuses peut-être pour les siécles qu'elles ont désolés que la froide barbarie de la cupidité, et la nonchalante impéritie du pouvoir. Ce palais est tombé sous nos yeux avec la noble devise de son fondateur : *Virtuti omnia parent.* Et si le soc de la charrue découvre un jour ses magnifiques vestiges, si le hasard les soumet aux recherches curieuses d'une société éloignée, perfectionnée par le libre développement de toutes les lumières et la culture approfondie de tous les arts, si quelque circonstance lui révéle en même temps le genre et l'époque de ces démolitions exécutées sans violence et sans nécessité, elle demandera sans doute avec étonnement à l'histoire quelle peuplade sauvage traversa l'ancienne Gaule au commencement du dix-neuvième siécle, et se fit un incompréhensible plaisir d'entasser sur son passage ces ruines méthodiques, déplorables monuments d'ignorance et d'insensibilité.

On doit d'autant plus de reconnoissance au second de ces prêtres vénérables qu'il ne visita jamais son abbaye, et que sa libéralité pour ces domaines inconnus fut désintéressée de tout plaisir et même de toute vanité. Son exemple ne trouva malheureusement point d'imitateurs, et le portail de Saint-Ouen fut laissé par ses successeurs dans l'état où il se trouvoit à sa mort. Nous aurions donc à regretter qu'un si beau monument fût resté incomplet, si le sort favorable qui doit avoir présidé à ses destinées, ne sembloit lui avoir laissé cette imperfection apparente pour lui épargner des imperfections plus réelles, et pour empêcher que des compléments discordants ne vinssent altérer l'ensemble si harmonieux et si pur de sa construction.

Le plus grand nombre des monuments que nous avons eu l'occasion d'admirer sont masqués d'une manière si fâcheuse par de chétives habitations et des masures difformes, que l'œil désagréablement distrait par des contrastes qui le blessent, parvient rarement à saisir la totalité de leur effet extérieur. L'église de Saint-Ouen, au contraire, est située entre une vaste place et un beau jardin public comme les temples anciens, et prodigue de tout côté aux regards la riche variété de ses aspects. Sous quelque point de vue qu'on veuille la contempler, on embrasse par-tout les proportions à-la-fois immenses et légères de sa masse gigantesque, les formes élégantes de la tour qui la couronne, et la riante profusion de ses clochetons gracieux. Il y a dans l'opposition des lignes sombres et verticales de cette architecture du quatorzième siècle avec les massifs arrondis et brillants du feuillage, il y a entre l'immobilité de ces profils sévères et la mollesse flexible des arbres à la tige élancée qui les avoisinent, et dont le moindre mouvement de l'air dérange le parallélisme infidèle, un échange d'enchantements qu'on essaieroit inutilement de faire comprendre à ceux qui n'ont pas joui de ce spectacle ravissant; l'ame étonnée doute si c'est le vieil édifice qui répand sur tout ce qui l'entoure une religieuse majesté, ou si c'est la magie du paysage qui prête des séductions inaccoutumées à la grave solennité des vieilles murailles. De l'examen de l'ensemble si on passe à celui des détails, on ne sait ce qu'il faut remarquer davantage ou de la délicatesse des culs de lampe, ou de la finesse aérienne de la bordure découpée à jour du portail méridional, ou du jeu surprenant des rayons du soleil qui traversent l'église à travers un double rang de vitraux, et viennent, chargés de couleurs merveilleuses, illuminer les fenêtres innombrables qui se pressent sur toute l'étendue de la nef, et laissent à peine entre elles l'espace nécessaire pour recevoir les arcs-boutants. Mais c'est dans l'intérieur sur-tout que de hautes gerbes de colonnes dressées vers le ciel, de longues files d'arcades éclairées au loin par les magnifiques roses de l'Occident, du Septentrion, et du Midi, la grace et la variété des filets et des rinceaux où la pierre semble avoir rivalisé de souplesse avec les substances les plus ductiles, le prestige de cette lumière décomposée qui descend des croisées comme d'un prisme aplani, et qui enrichit les pavés d'une marqueterie éblouissante et mobile; c'est là que tous les objets commandent l'admiration, c'est là que tous les objets inspirent le recueillement. Ce caractère particulier d'ascendant et de puissance qu'on n'a pas contesté aux églises gothiques ne s'est peut-être manifesté nulle part au même degré que dans la construction de Saint-Ouen. Le cœur se dépouille si aisément sous ces voûtes mélancoliques des intérêts de la vie, et même de ses foiblesses, qu'il semble que le seuil qu'on vient de franchir étoit aussi celui de l'éternité : Enceinte mystérieuse où le monde disparoît, et dont les bornes étroites révèlent un horizon plus vaste que celui du ciel! On la transforma un jour en ateliers pour de pauvres manœuvres : je me les figure transportés d'un pays où notre religion et nos arts ne sont pas connus, au milieu de ces merveilles de la piété et du génie; appelés à de vils travaux sous ces rayons aux mille couleurs qui semblent émaner d'un astre plus favorisé que le soleil, et unissant leur voix à celle de l'orgue qui exhaloit un dernier soupir d'adoration vers le sanctuaire : l'expression de leur étonnement auroit été un hymne de louange : *Non est hîc aliud, nisi domus Dei.*

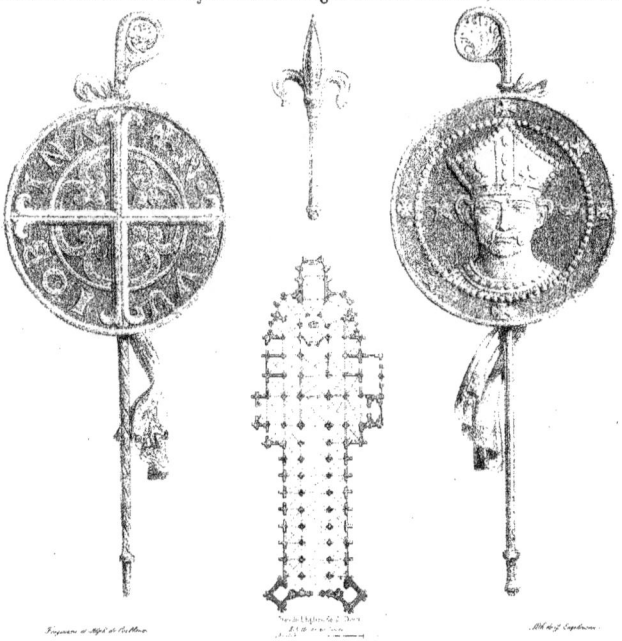

Rouen.
Intérieur de l'Église de St Ouen.

Rouen

Rouen.
Église de St Ouen, Chambre aux Cierges.

Rouen
Église de St Ouen, vue du côté du jardin

Rouen.

MONUMENTS RELIGIEUX.

PAROISSES.

Rétrogradons maintenant sur tant de siécles que nous avons franchis pour satisfaire aux premières impatiences de la curiosité, et tournons nos regards au nord-ouest de la cité dont nous interrogeons les souvenirs, vers cette colline autrefois éloignée de son enceinte, qui long-temps renferma la ville des morts. C'est là qu'en suivant la voie qui conduisoit de Rotomagus à *Juliobona*[1], nous trouverons dans l'humble crypte de Saint-Gervais où furent déposées les reliques des deux premiers évêques de Rouen, et dans les colonnes de l'abscide anguleuse qui la surmonte, les plus anciens restes d'architecture que présente son territoire, les seuls peut-être, dans la clôture actuelle de ses murailles, qui soient évidemment antérieurs à l'invasion des hommes du Nord. Une chétive église moderne couvre cette chapelle, où se voient encore les arcades sanctifiées par la sépulture de deux saints prélats. Quelques assises de briques romaines, la forme et la disposition singulière des pierres de taille, la

(1) Lillebonne.

vétusté de leurs angles et de leurs surfaces, calcinés par la lente action des ans, ne permettent pas de douter que ce soit en effet le lieu où ces *pasteurs des peuples* furent inhumés sur le bord de la voie publique, *juxta aggerem*, comme presque tous les apôtres des Gaules. Le soupirail qui donne du jour à ce caveau est éclairé du côté de l'orient, et nous avons éprouvé que rien n'est comparable à l'effet de cette lumière du ciel, quand, dissipant tout-à-coup les ténèbres de la nuit qui pèsent sur ces tombeaux, elle semble apporter avec elle la promesse de l'éternelle lumière qui doit y dissiper un jour les ténèbres de la mort. L'autel, que blanchissent les premiers rayons du soleil levant, est surmonté d'une image miraculeuse de la sainte Vierge, exécutée en bas-relief, qui est l'objet du culte le plus attendrissant. Nous avons vu une pauvre mère y mettre sous la protection de la Reine des cieux une petite fille de cinq à six ans, le seul, hélas! d'un grand nombre d'enfants que la Providence lui ait laissé. L'étonnement de cette innocente créature sous sa parure inaccoutumée, ses rubans, et ses fleurs, au milieu d'une cérémonie dont elle ne sauroit comprendre le motif, car elle ne se fait aucune idée distincte de la mort; la sollicitude et la confiance de cette femme, qui s'en va consolée et regardant son unique enfant avec une joie pleine de sécurité, parcequ'elle sait déja que sa dernière prière a été entendue; l'intercession toujours accueillie de cette autre *mère céleste qui porte un enfant dans ses bras*, et qui protége les enfants et les mères, tout cela compose un spectacle touchant pour le philosophe, admirable pour le chrétien, et tel que la religion seule peut le donner.

C'est une autre idée non moins solennelle que celle de l'ancienne destination de ces catacombes, où les néophytes qui venoient d'être conquis à la doctrine du Christ célébroient leurs mystères il y a plus de quinze siècles, et qui rappellent les sacrifices des premiers fidèles sur la tombe des premiers confesseurs. Un nombre infini d'entre eux voulurent sans doute attendre le jour de l'éternité près du temple où l'éternité leur avoit été promise, car le sol des environs a souvent découvert aux yeux des ouvriers leurs sarcophages dirigés de l'est à l'ouest, comme la nef de nos chapelles. C'est qu'ils doivent y voir s'accomplir, comme devant l'autel et le chœur, le lever d'un orient immortel et le mystère d'une résurrection. Par un échange admirable d'harmonies, la maison de Dieu chez les chrétiens a pris la forme du cercueil. Dans les basiliques de cette religion sublime, tout montre à l'homme qu'il doit mourir : dans sa dernière demeure, tout lui montre qu'il doit ressusciter.

Diverses particularités autorisent l'opinion qui attribue à saint Victrice, chef de l'église de Rouen vers la fin du quatrième siècle, la construction de l'église qui couvroit la crypte, et dont le chevet anguleux a subsisté jusqu'à nos jours avec ses colonnes mal attachées et ses chapiteaux barbares. L'un d'eux est remarquable par ses figures d'aigles, tradition du séjour d'une légion; un autre par quelques vestiges d'ordre dorique dégénéré qui trahissent le goût mal habile des restaurations modernes; un troisième enfin par quelque imitation imparfaite, mais curieuse, du chapiteau corinthien, qui appartient évidemment à l'école peu connue de cette architecture *du Bas-Empire,* dont les monuments, rares dans le Midi, et plus rares dans le reste de nos provinces, paroissent presque introuvables en Normandie. Nous ne croyons pas en avoir rencontré jusqu'ici un autre exemple.

La modeste église de Saint-Gervais n'est pas dépourvue d'ailleurs de toutes les gloires historiques. C'est dans le prieuré qui en dépendoit autrefois que se fit transporter Guillaume-le-Conquérant, atteint d'une blessure mortelle à la prise de Mantes. Singulier sujet de méditation pour l'agonie du maître de deux états! Depuis son avénement au pouvoir absolu, sa mort étoit peut-être le premier acte de sa vie qu'il lui fût permis de dérober aux empressements d'une cour et au tumulte d'une capitale. Soumis d'avance à l'égalité du tombeau, il exhala, dit-on, sa grande ame sous les voûtes du caveau des saints, pendant que des courtisans rêvoient dans leurs châteaux les chances de sa fortune, et que les hommes d'armes qui l'avoient suivi se disputoient ses dépouilles. Plusieurs siècles après, Henri IV fit de Saint-Gervais le principal dépôt de son artillerie et un de ses postes les plus importants. Il y dormit sur la poussière accumulée des prêtres et des soldats. Si la tragédie françoise avoit le privilége de la Muse d'Eschyle et de Shakspeare, ce seroit pour elle une magnifique prosopopée que l'apparition du héros du siége de Mantes au héros du siége de Rouen, et que le fils d'Arlette, réveillé par le bruit flatteur des batailles, pour annoncer à l'amant de Gabrielle la prospérité de ses armes et la gloire de son avenir.

C'est hors de l'enceinte actuelle de Rouen qu'il faut aller chercher le reste des monuments de cet âge reculé qui sont parvenus jusqu'à nous. En touchant à l'extrémité orientale de la ville, le voyageur qui arrive de Paris, soit qu'il ait traversé les plaines monotones du Vexin, soit qu'il ait suivi les frais et verdoyants vallons de la Seine, aperçoit à sa gauche un temple rustique dont les trois abscides arrondies et les corbeaux bizarres appartiennent encore au onzième siècle. Les traditions sur la foi desquelles on a supposé que le culte de Vénus dominoit à Rouen avant la prédication de Saint-Romain, se sont exercées sur ce chevet d'église dont elles font un temple d'Adonis. Si Vénus aima chez nos aïeux, comme aux campagnes poétiques de la Grèce, le cours riant des eaux limpides et le mystère enchanteur des bois, elle a dû arrêter quelquefois son brillant cortége sur les rives délicieuses de la Seine, et sans doute elle auroit accepté des autels dans ces lieux que la nature avoit parés de tant de charmes pour la fixer; on pourroit donc y découvrir sans étonnement quelques traces d'un culte non moins agréable à Vénus que les hommages dont elle étoit elle-même l'objet, celui du beau jeune homme pleuré des femmes de Byblos, mais nous ne saurions reconnoître des restes d'une construction païenne dans ces fragments grossiers du moyen âge, dont le style équivaut, à nos yeux, à la date la plus authentique. De nombreuses hypothèses de ce genre ont depuis long-temps disparu de l'archæologie monumentale, éclairée enfin par la critique de l'histoire et l'étude des arts.

Plus loin encore du centre de la ville et au-delà de sa barrière méridionale, s'élève le monument le plus gracieux que nous puissions rapporter à l'architecture du douzième siècle. C'est la jolie chapelle de Saint-Julien, bâtie par le dernier des Plantagenets, et déjà embellie de tous les ornements dont le luxe précoce des arts, entraînés vers leur perfectionnement par une impulsion rapide et puissante, commençoit à décorer les conceptions austères et majestueuses de l'architecture romane. A l'extérieur, de légers cordons embrassent de toutes parts ses fenêtres dans leurs contours arrondis; à l'intérieur, de charmantes arcades la ceignent de leurs zigzags éparpillés en rubans encore plus légers, et ses voûtes resplendissent d'or et d'azur.

Nous venons de marquer le premier essor de l'art, affranchi du joug des méthodes, et s'élançant avec assurance et fierté vers de nouvelles conquêtes dans les brillants domaines de l'imagination et du goût. Il nous servira de point de transition vers cet âge plus avancé de l'architecture, auquel la ville de Rouen est redevable de ses plus beaux monuments, et sur-tout de la cathédrale et de Saint-Ouen que nous avons déja fait connoître à nos lecteurs.

Nous avons signalé dans l'examen de ces deux admirables édifices quelques travaux de la première moitié du quinzième siècle, mais nous chercherions en vain un monument qui appartînt en propre à cette déplorable période d'humiliation et de calamités. Et quoi qu'en disent des traditions absurdes qui rapportent à l'invasion angloise toutes les églises normandes qui se distinguent par la délicatesse et le fini du travail, l'étranger ne séjourna point assez long-temps dans la province, il ne s'unit point à sa population d'une manière assez intime pour goûter le loisir ou pour éprouver le besoin d'imprimer à de grandes constructions le sceau de sa fortune passagère. Rien ne prouve d'ailleurs que les Anglois du moyen âge aient pu comprendre ces magnifiques plaisirs de la grandeur romaine, qui annoncent la sécurité de la force et la profusion de l'opulence. Les trésors qu'ils enlevèrent à la Normandie furent, suivant l'usage, dissipés en pure perte, sans gloire pour les vainqueurs et sans avantage pour les vaincus. A peine au contraire la ville de Rouen fut-elle affranchie d'une dépendance toujours funeste aux arts, qu'elle vit se ranimer dans son sein avec une nouvelle ardeur le goût des constructions religieuses; et ses monuments, justifiés de l'affront d'une influence étrangère, s'embellir comme elle des inspirations de la liberté. Cette dernière époque indique le passage des brillantes témérités de l'architecture gothique aux graces classiques de la Renaissance, fille ingénieuse de l'antiquité, dont les beautés riantes rivalisent souvent avec celles de sa mère. C'est alors que s'élevèrent les jolies églises de Saint-Vincent, de Saint-Nicolas, de Saint-Maclou, dont la dernière sur-tout, singulièrement remarquable par l'étendue et la belle disposition de sa masse imposante, surpasse peut-être aussi les autres par le charme séduisant de ses détails. Tels sont l'escalier de l'orgue, et des portes d'un goût agréable et spirituel qui ont mérité l'honneur d'être attribuées à Jean Cousin.

La plupart de ces églises étaloient dans leurs roses et dans leurs croisées ce luxe si bien entendu des vitraux, qui prête un jour mystérieux aux solennités religieuses, et qui paroît inventé pour l'architecture romantique du christianisme. Qui n'a pas été frappé du prestige de ces magiques clartés quand elles lavent de leurs teintes flottantes les longues travées des arceaux en ogives, balancent sur la pierre des sépultures de petits nuages de lumière qui semblent conduire du ciel à la terre les messages des esprits, et déroulent l'extrémité de leurs gerbes colorées à la surface arrondie des colonnes, où elles se bercent comme des guirlandes de fleurs merveilleuses ravies aux jardins du soleil? Qu'étoit auprès de ces effets qui se reproduisent à chaque pas dans nos basiliques, celui des temples anciens, où la lumière sans prestige, l'espace sans recueillement, le sanctuaire sans divinité, ne portoient ni étonnement à l'imagination, ni attendrissement à l'ame, ni trouble respectueux à la raison? Que seroit pour l'organisation des modernes, exercée par des passions nouvelles, agrandie par de nouvelles vertus, irritée par l'habitude toujours satisfaite des émotions les plus fières et les plus touchantes, l'impression monotone d'une froide perfection, qui contente l'esprit par la symétrie harmonieuse de ses combinaisons, mais qui ne remue pas le cœur, qui n'apprend rien, qui ne laisse rien à la sensibilité?

Ces superbes ornements ont depuis long-temps disparu de l'enceinte dégradée de Saint-Nicolas, qui n'a conservé d'autres traces de son ancienne splendeur qu'une partie des peintures de sa voûte. Là brilloient encore quand nous avons visité cette église pour la dernière fois, des caissons chargés de monogrammes et entourés de cartouches, dont l'ordonnance ne manquoit ni d'élégance ni de richesse. Cette opulence bizarre contraste d'une manière étrange avec le triste délâbrement des murailles poudreuses, et l'œil ne redescend pas sans surprise le long des auges qui embrassent la nef, et sur la litière immonde qui cache les pavés du chœur.

Crypte de S¹ Gervais

Abside de St Gervais.

Porche de St Vincent

Église de St Nicolas

Escalier de St Maclou.

Rouen.

MONUMENTS RELIGIEUX.

ABBAYE DE SAINT-AMAND.

Commencés dans l'intérêt seul des souvenirs poétiques et pittoresques, les *Voyages dans l'ancienne France* sont devenus peu à peu le tableau des faits du moyen âge. Telle est la liaison de l'histoire des monuments avec celle des hommes, que nous n'avons pu fermer l'oreille à cette voix solennelle du passé qui raconte des événements mémorables au milieu de toutes les ruines. Ici seulement nous perdons la trace des rois et des héros, et ces échos qui n'ont jamais répondu qu'aux invocations timides de la prière et aux méditations rêveuses de la solitude, ne conservent peut-être pas un seul nom célèbre à la postérité; mais quoiqu'il ne reste de l'ancien monastère de Saint-Amand ou des *Amies-Dieu-Saint-Léonard*, si distinguées dans les temps reculés par la magnificence et le bon goût de leurs bâtiments, qu'un pavillon du seizième siècle, l'histoire des beaux arts réclame leur souvenir. La chambre de Guillimette d'Assy qui présente d'ailleurs le tendre intérêt de localité d'une habitation du moyen âge, est si riche d'ornements de sculpture qu'on n'y éprouve d'abord d'autre sentiment que celui de la surprise et de l'admiration. Il seroit difficile de trouver quelque chose de plus gracieux, de plus piquant, de plus varié, même dans les *loges* de Raphaël, que les arabesques ingénieuses et légères qui enrichissent les pilastres et la frise de la cheminée. Il règne dans ce travail inimitable, et généralement dans toutes les sculptures qui décorent l'intérieur et l'extérieur du monument, la même suavité, le même esprit, le même feu que dans les plastiques anciennes.

Toutes les parties de ce pieux manoir appartiennent à cette époque féconde en délicieuses merveilles que nous sommes convenus de nommer la RENAISSANCE; à cette école divine de Florence, si originale dans la composition de ses chefs-d'œuvre, si élégante et si spirituelle dans l'exécution de leurs moindres détails; à cette Italie des Médicis, toujours reine des arts. A peine les monuments dégénérés du Bas-Empire commençoient à disparoître avec les dernières traditions de Rome païenne, que la sévère Lombardie avoit rempli le Nord des nombreuses colonies de ses artistes, et qu'elle imprimoit par-tout à l'architecture des temples chrétiens ce style austère et majestueux dont tous les états de l'Europe se disputent maintenant l'origine. Il étoit réservé aux inspirations ravissantes de l'heureuse Toscane de remplacer le caractère imposant de l'école lombarde, sans rien faire perdre à nos basiliques de leur mélancolie et de leur dignité, et de couronner enfin par le mélange enchanteur de toutes les solennités et de toutes les graces, la gloire d'une nation qui préside depuis douze siècles aux découvertes et aux miracles de tous les âges.

Une partie de l'abbaye de SAINT-AMAND avoit été construite en bois. On croiroit que l'architecte, défiant de la durée de son ouvrage, n'y avoit mis que les frais d'une décoration passagère. Cependant la fureur de la destruction irritée par les résistances s'est exercée de préférence sur la partie qui paroissoit immortelle; et par un effet de la même fatalité, il ne restera bientôt de l'une et de l'autre que le tribut fragile que nous leur consacrons aujourd'hui, mais que tout le talent des dessinateurs qui y ont concouru ne préservera pas de s'effacer à son tour. Nos efforts ne consoleront d'ailleurs ni les voyageurs, ni les artistes, ni la gloire nationale, si intéressée à la durée des monuments que chaque jour lui ravit, de la profanation de tant d'antiquités intéressantes ou sublimes, prostituées aux plus vils usages et sacrifiées aux plus vils intérêts par la plus coupable cupidité. Le peintre répétera souvent à la vue de ses crayons imparfaits cette exclamation que les beautés de l'art peuvent arracher comme celles de l'éloquence: *Que seroit-ce donc si vous les aviez vues elles-mêmes?*

Construction en bois dans la cour
de l'Abbaye de St Amand.

Cour de l'Abbaye de St Amand.

Cheminée de la chambre de Guillemette D'Assy.

Rouen.

PLACE DE LA PUCELLE.

Bien loin des rives actuelles de la Seine, des souvenirs d'une haute et touchante solennité appellent les premiers pas du voyageur à Rouen, vers une place étroite, irrégulière, difforme, que le fleuve battoit autrefois de ses eaux. Habité d'abord par ces nobles chambellans de Tancarville qui ont rempli la Normandie de leur nom, et qu'une prédilection particulière portoit à fixer leur séjour sur de majestueux promontoires et des grèves pittoresques, comme s'ils avoient pressenti l'empire de la mer qui étoit promis à leurs armes, ce coin de terre fit partie dans des temps moins reculés de l'enceinte tragique des exécutions, et son horrible destination n'étoit pas encore oubliée le mercredi 30 mai 1431, jour de triste et honteuse mémoire qui prend place parmi les plus déplorables anniversaires de notre histoire. C'est là que fut consommé le martyre de Jeanne d'Arc, et que cette chaste et pieuse héroïne qui avoit vécu comme Alcide, devoit mourir comme il est mort, suivant l'éloquente expression du poëte; la plupart des témoins entendus dans l'information qui eut lieu à la suite de cet assassinat juridique, rapportent qu'au moment où les progrès de la flamme étouffoient sur ses lèvres son dernier soupir et sa dernière prière, on vit distinctement une blanche colombe s'élever à travers la fumée du bûcher, et se perdre dans l'azur du ciel. Ce miracle est de ceux qui n'étonnent pas la raison, et contre lesquels le scepticisme lui-même n'oseroit se révolter. Il semble que la nature entière a dû s'émouvoir à l'aspect du supplice de cette jeune sainte, et que le ciel n'a pu refuser d'éclatants témoignages et des expiations toutes divines à son innocence.

Une fontaine érigée depuis sur l'emplacement du bûcher d'où l'ame de la Pucelle s'exhala vers les cieux, y versa long-temps ces eaux lustrales qui lavent les crimes des peuples comme les fautes du pécheur. Cet emblème ingénieux qui tenoit encore aux pensées symboliques de l'antiquité, a été sacrifié dans des temps de dégénération à d'absurdes idées de symétrie. Le monument du bûcher est maintenant au milieu de la place, et le travail de l'artiste est ce qu'on pouvoit attendre des talents qui ont osé se prêter à un pareil sacrilége, et des misérables considérations qui l'ont commandé. N'hésitons pas à le dire : le cœur et les yeux cherchent à Rouen un monument qu'ils ne trouvent pas, et dont l'absence est très bien expliquée par le goût d'un siècle qui prodigue des flots d'or pour l'entretien des plus frivoles superfluités, et qui laisse dans un profane abandon nos plus touchants souvenirs. Quel souvenir cependant que celui de Jeanne d'Arc! Est-il rien à lui comparer, ni chez les anciens, ni chez les modernes, ni dans la fable, ni dans l'histoire?

Donnez à la muse épique le choix des inventions les plus merveilleuses; interrogez les traditions les plus imposantes que les âges d'héroïsme et de vertu aient laissées dans la mémoire des hommes; vous ne trouverez rien qui approche de la simple, de l'authentique vérité de ce phénomène du quinzième siècle. La France, à la suite du règne le plus malheureux dont les annales de la monarchie fassent mention jusqu'alors, envahie par ses ennemis, et à peine soutenue sur le penchant de sa ruine par la vaillance de quelques preux, n'oppose plus à la force de ses destinées qu'une vaine résistance. Paris est occupé par le duc de Bedfort, régent pour un roi anglois. L'infortuné Charles VII errant de ville en ville sans espérance, et bientôt sans royaume, cède à l'infortune qui l'accable. Près de chercher un asile dans une cour étrangère, il jette un dernier regard, un regard de désespoir sur la belle France qui ne lui offre de toutes parts que d'affreux déchirements, les dissensions civiles auxiliaires et complices des vainqueurs, et un petit nombre de braves mourant sans vengeance sur les cendres des villes qu'ils ont défendues. A peine quelques places arrêtent encore pour un moment les progrès de l'ennemi. A peine une vieille prophétie qui annonce qu'une jeune fille venue des environs du *Bois-Chenu* délivrera le royaume, soutient encore la confiance des *esprits foibles* de ce temps peu fertile en esprits forts. Tout va périr quand cette jeune fille paroît. C'est une paysanne de seize à dix-sept ans, d'une taille noble et élevée, d'une physionomie douce mais fière, d'un caractère remarquable par un mélange de candeur et de force, de modestie et d'autorité, qui ne s'est jamais trouvé au même degré dans aucune créature, d'une pureté de cœur enfin qui excite l'admiration de toutes les personnes qui l'ont connue. Les mères ne desirent point de fille plus parfaite; les hommes n'ambitionnent pas de plaire à une femme plus digne d'être aimée; mais dès l'enfance elle a renoncé au bonheur d'être épouse et mère. Appelée à une vie d'héroïsme et de sacrifice par la voix des anges, elle a consacré sa virginité à Dieu à l'âge de treize ans. On ne sait rien autre chose de ce temps-là, sinon qu'elle a mené une vie toute pastorale dans le hameau qui l'a vu naître, conduisant les troupeaux de son père, ou s'occupant à coudre et à filer le chanvre et la laine, exercices dans lesquels elle surpassoit toutes ses compagnes. Seulement, à certains jours de fête, on la voyoit prosternée à l'ermitage de Bermont, devant la sainte image de la Vierge, ou bien elle se réunissoit aux jeunes filles de son âge, pour chanter et pour danser sous *l'Arbre des Fées*. C'étoit un hêtre magnifique où, pendant toute la belle saison, les bergères alloient suspendre les chapeaux de fleurs et les guirlandes qu'elles avoient tressées dans la prairie; mais Jeanne d'Arc les réservoit pour la chapelle de Donremy. On dit aussi qu'elle dansoit peu, mais qu'elle chantoit avec un charme inexprimable, probablement des hymnes et des cantiques à la louange des saints, de celui, par exemple, dont le village de Donremy porte le nom, et qui, accoutumé à présider à l'onction sacrée de nos rois, imploroit peut-être pour elle la faveur d'y conduire bientôt Charles VII. Quand les habitants de son village furent interrogés quelques années après sur ces différentes circonstances, ils affirmèrent presque tous que lorsqu'elle étoit bien petite et qu'elle gardoit les brebis, on avoit vu souvent les oiseaux des bois et des champs *venir manger son pain dans son giron comme s'ils fussent privés.*

Telle est la puissance que Dieu suscite tout-à-coup pour lever le siége d'Orléans, faire sacrer le roi dans une ville occupée par les Anglois, et réduire leurs armées, si long-temps triomphantes, à abandonner la France. Les rebuts réitérés qu'elle essuie d'abord ne fatiguent point son courage; elle insiste avec ardeur parcequ'elle sait qu'elle a peu de temps pour accomplir ses desseins, et qu'elle ne doit pas voir le succès tout entier de ses travaux et de ses promesses; mais elle ne se révolte pas contre les refus, parceque les refus sont du nombre des difficultés qui lui ont été annoncées. Enfin, ses instances l'emportent sur les objections de l'incrédulité. Elle part; et cette villageoise transformée en guerrier devient, dès ses premiers pas dans cette nouvelle carrière, le parfait modèle du chevalier chrétien; intrépide, infatigable, sobre, pieuse, modeste, habile à dompter les coursiers, et versée dans toutes les parties de la science des armes comme un vieux capitaine, il n'y a rien dans sa vie qui ne révèle une haute inspiration et qui ne porte le sceau d'une autorité divine. Les éléments eux-mêmes paroissent lui obéir. Obligée de parcourir pour se rendre auprès de Charles une route de cent cinquante lieues coupée de rivières profondes, dans la plus mauvaise saison de l'année, et au milieu d'un pays couvert par les troupes ennemies, elle fournit cette course périlleuse en onze jours, sans accident et presque sans obstacles. Conduite dans l'appartement du roi, elle le distingue du premier coup d'œil parmi les grands de sa cour, quoiqu'il ne diffère d'eux par aucun attribut particulier; elle se fait reconnoître de lui à un signe ou à une confidence qui ne laisse point de doute à Charles sur sa mission. Depuis ce temps-là, tous ses jours sont marqués par les plus brillants faits d'armes. Objet d'amour, d'espérance, de vénération pour les peuples, de terreur pour l'armée angloise, elle combat près de Dunois, de Saintrailles, de La Hire, et c'est elle qui remporte par-tout la palme de la valeur. L'étendard de Jeanne d'Arc, ainsi qu'elle l'a dit elle-même, est toujours où est le danger; mais, avare de sang, elle conduit les soldats dans la mêlée, brise devant eux l'effort de l'ennemi, et ne tue jamais. Tout au plus, comme elle le disoit encore devant ses juges avec cette naïveté soldatesque dont il n'est pas permis d'altérer les expressions, elle se faisoit jour à travers les Anglois en les frappant de la tête de sa hache d'armes, ou du plat de sa fameuse épée qui étoit propre à donner *de bonnes buffes et de bons torchons.* En peu de mois, toutes ses prédictions s'accomplissent: blessée à la défense d'Orléans d'une flèche qui lui traverse l'épaule, elle l'arrache sur la place, retourne quelques minutes après au milieu des combattants, achève la déroute des Anglois, et délivre ces murailles qu'elle avoit promis de délivrer. Charles doit être sacré à Reims: elle lui ouvre un chemin vers cette ville, et les villes qui se trouvent sur son passage se rendent sans se défendre. A compter de ce moment, la puissance des Anglois, affoiblie, chancelante, prête à s'écrouler, n'est plus digne d'intéresser à sa chute une puissance plus qu'humaine. La mission héroïque de Jeanne d'Arc est finie; il ne lui reste plus qu'à la couronner par un sacrifice héroïque, elle l'accomplit sans murmurer. Convenons-en! si cet ange d'innocence et de grace, de courage et de dévouement qui a tant de titres à la reconnoissance de la patrie, qui lui a rendu tant de villes et conquis tant de drapeaux, qui avoit affranchi son peuple comme Judith et Débora, et qui subit pour lui une mort ignominieuse et cruelle à l'âge de dix-neuf ans; si Jeanne d'Arc dont la Lucréce et la Clélie de l'ancienne Rome envieroient les titres historiques, s'étoit rencontrée aux siécles solennels qu'elles ont illustrés, et que le Virgile d'un âge plus rapproché n'eût pas rougi de profaner sa mémoire dans un roman de débauche et de prostitution qui étonne, qui épouvante la pensée de toute la supériorité du talent et de toute la perversité du cœur, ce poëte mal protégé par son génie auroit été précipité dans le Tibre, noué de couleuvres vivantes comme un parricide public. Et quel genre de gloire littéraire peut jamais racheter la gloire morale d'une nation? Il vaudroit mieux que tous les beaux-arts périssent qu'une seule idée généreuse. L'éphore qui retrancha une corde à la lyre de Timothée auroit été plus sévère encore s'il avoit pu deviner que les séductions de la poésie seroient prodiguées un jour à déshonorer la vertu.

Qu'a-t-on fait cependant pour réparer cet outrage? où est le monument, où est le tombeau de Jeanne d'Arc? J'allois dire : Où est son autel?.... Et qui s'étonneroit de voir ce culte légitime associé à celui des *benoîts saints et saintes* dont elle a raconté avec une conviction si profonde, avec des détails si ingénus, la merveilleuse assistance; dont elle imploroit encore le nom, dont elle sollicitoit encore la conversation accoutumée, au milieu des angoisses de la mort? Que dis-je, c'est la piété d'un citoyen qui a soustrait à la destruction la chambre gothique et délabrée où fut nourrie son enfance, où retentirent ses premières chansons, où se retrouveroit peut-être l'empreinte de quelqu'un de ses pas. Déja cet asile sacré étoit devenu une étable; les anciens en auroient fait un temple.

Il étoit naturel que le peuple cherchât sur la PLACE DE LA PUCELLE une partie des monuments qui se rapportoient à son histoire; il y voit dans un bâtiment plus moderne dont nous devons parler tout-à-l'heure, le lieu de son injuste et cruelle captivité, bien loin du château qui fut complice de tant de perfidie et de tant d'ingratitude, et duquel il ne reste maintenant que deux tours; une troisième qui a été démolie assez récemment passoit dans quelques traditions pour la prison de l'héroïne. Il faudroit remarquer alors l'étrange prédilection de barbarie ou la malheureuse fatalité d'insouciance qui l'auroit livrée à la destruction : rien ne prouve ce fait, et des observations curieuses de localités, hypothétiques, sans doute, mais qui offrent trop d'attrait à l'imagination pour en être gratuitement rebutées, feroient présumer au contraire que l'une des tours conservées pourroit présenter ce touchant motif d'intérêt. L'ame impressionnée par cette espéce de rêve, car rien non plus ne le justifie entièrement, on visite avec un mélange d'attendrissement et de respect les derniers restes de cette forteresse, jusqu'à une crypte fort obscure au-dessous de laquelle on ne trouve plus de communications ouvertes avec d'autres souterrains ou d'autres cachots. Sous ces voûtes, il n'y a rien pour les arts, il n'y a peut-être rien de réel pour l'histoire, et les crayons les plus habiles n'exprimeroient que vaguement la pensée triste et profonde qu'elles doivent inspirer à l'artiste ou au poëte qui s'est flatté d'en pénétrer le secret. Nous sommes dirigés dans nos recherches par des lumières trop sûres pour pouvoir nous livrer facilement au prestige qui nous flatte, et croire avec abandon tout ce qu'il nous seroit agréable de croire; mais quelle sévère critique oseroit défendre à la sensibilité de céder dans l'absence des notions positives à l'élan d'une idée touchante, au charme d'une illusion?

C'est à l'angle de la PLACE DE LA PUCELLE que Guillaume-le-Roux, seigneur de Bourgtheroude, et son fils du même nom, abbé d'Aumale, avoient appelé les arts du siècle brillant de la Renaissance à l'embellissement d'une des plus magnifiques habitations particulières de la France ancienne. Dans son état actuel de dégradation, l'hôtel du Bourgtheroude ne présente plus rien de remarquable au-dehors, que cette jolie tourelle en encorbellement dont le vulgaire fait le donjon d'un château fort, et où la tradition, si fertile en bizarres anachronismes, cherche la prison de Jeanne d'Arc. Mais à peine a-t-on franchi la porte intérieure que deux pilastres ornés des portraits de François Ier et de Henri VIII, et des jolies arabesques de l'époque, annoncent l'élégante richesse d'une demeure toute royale. Bientôt le grand corps-de-logis du fond de la cour, la galerie qui s'étend à droite, et la gracieuse tourelle du sud-ouest, attirent et charment les yeux par la beauté des bas-reliefs qui les couvrent presque entièrement; ceux qui décorent la principale partie du bâtiment, chargés d'écussons aux armes de France, des salamandres de François Ier, et du phénix d'Elisabeth d'Autriche, sa seconde femme, font juger que le protecteur des arts a honoré cette maison de sa visite, et qu'il l'a peut-être même habitée, dans un de ses derniers voyages à Rouen. Nous avons eu souvent l'occasion de remarquer que les consécrations de ce temps-là étoient bien moins précaires que les nôtres. L'appareil d'une simple fête sembloit arrangé pour l'immortalité.

L'artiste s'est plu à représenter sur les panneaux de la tourelle hexagone à laquelle l'ignorance attache des souvenirs si tragiques, les scènes les plus riantes et les plus délicieuses de la vie pastorale. Aucun poëte bucolique n'a porté plus loin le charme et la naïveté des détails champêtres que l'ingénieux compositeur de ces tableaux ravissants. Il y en a un que l'on croiroit inspiré par la muse même de Théocrite. C'est le sujet d'une de ses idylles avec toute sa grace, mais avec toute sa licence. Il faut chercher un autre caractère dans les admirables bas-reliefs de la galerie; l'élégance du style et la recherche des ornements y attesteront d'ailleurs une époque postérieure où l'art plus noble et moins ingénu commençoit à se prêter aux scènes imposantes de l'histoire et à la représentation des pompes royales. Tout ce que la brillante légèreté des arabesques du seizième siècle, tout ce que la sculpture appliquée à l'architecture pouvoit fournir de riche et de magnifique a été prodigué dans la décoration des arcades. Là, se développe avec les plus minutieux détails dans une suite de cinq bas-reliefs, cette fameuse entrevue du *Camp du Drap-d'Or*, « où tant de seigneurs portoient sur leurs épaules, dit Dubellay, leurs bois, leurs moulins, et leurs prés. » Une flatterie ingénieuse et délicate avoit sans doute présidé au choix de ce sujet qui rappeloit à François Ier un des événements mémorables de sa jeunesse, mais rarement les hommages de l'admiration furent imposés par des titres si glorieux, et payés par de si heureux talents.

Bientôt les souvenirs de l'ancienne destination de cet édifice s'effacèrent dans l'éclat d'une civilisation nouvelle qui se séparoit graduellement du passé. L'hôtel du Bourgtheroude oublia jusqu'au nom de ses fondateurs, et Montfaucon demanda inutilement à la tradition le sujet des bas-reliefs du *Camp du Drap-d'Or*, qui sont tombés aujourd'hui dans un état de décadence et d'abandon voisin de l'anéantissement. On contemploit depuis long-temps leur destruction progressive avec une juste douleur, en pensant qu'ils seroient perdus avant peu pour la postérité.

ROUEN.   83

Nous nous flattons d'avoir pourvu aux inquiétudes des amis des arts en faisant exécuter par des mains habiles des moules qui perpétueront de siècle en siècle ces précieuses productions de la Renaissance. Heureux si l'exemple de trois explorateurs obscurs des antiquités nationales n'est pas sans fruit pour les hommes qui se livrent à leur étude avec l'indépendance d'une grande fortune! Les restes des monuments de la patrie se recommandent de toutes parts à la piété de ses enfants.

Cour des Gros Du Bourgtheroulde.

Galerie de l'Hôtel de Bourgtheroulde.

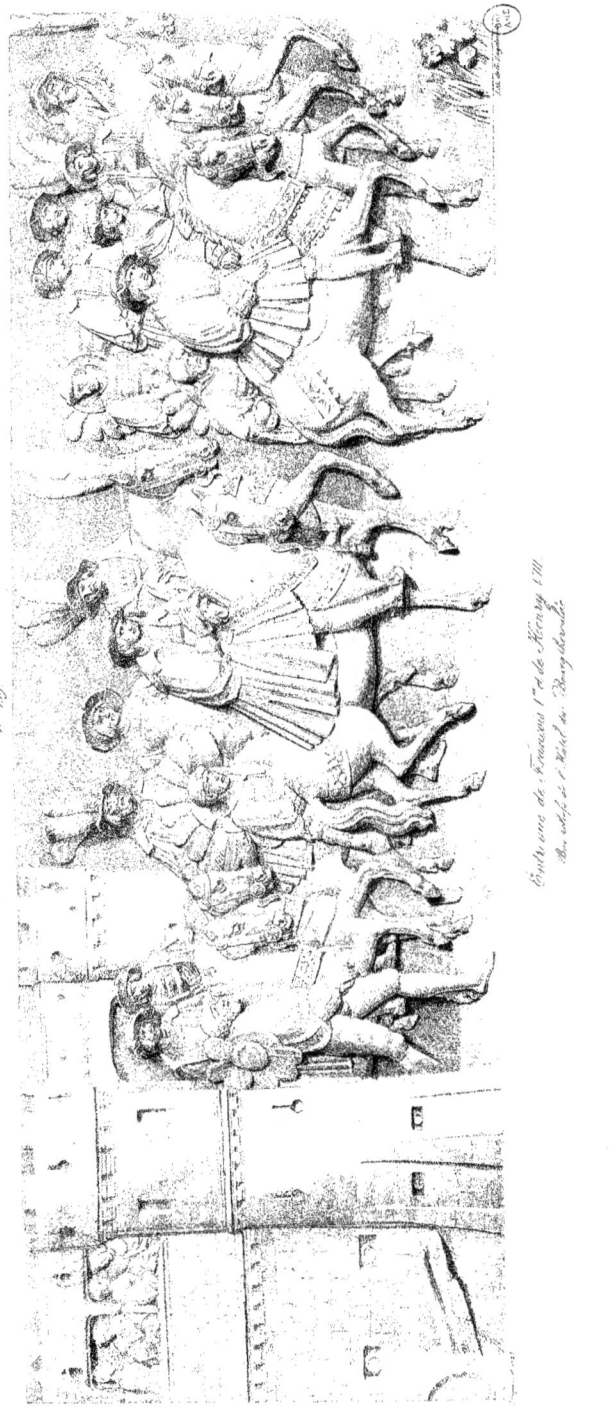

Entrevue de François 1er. de Henry VIII
Bas relief a l'Hôtel de Bourgtheroulde.

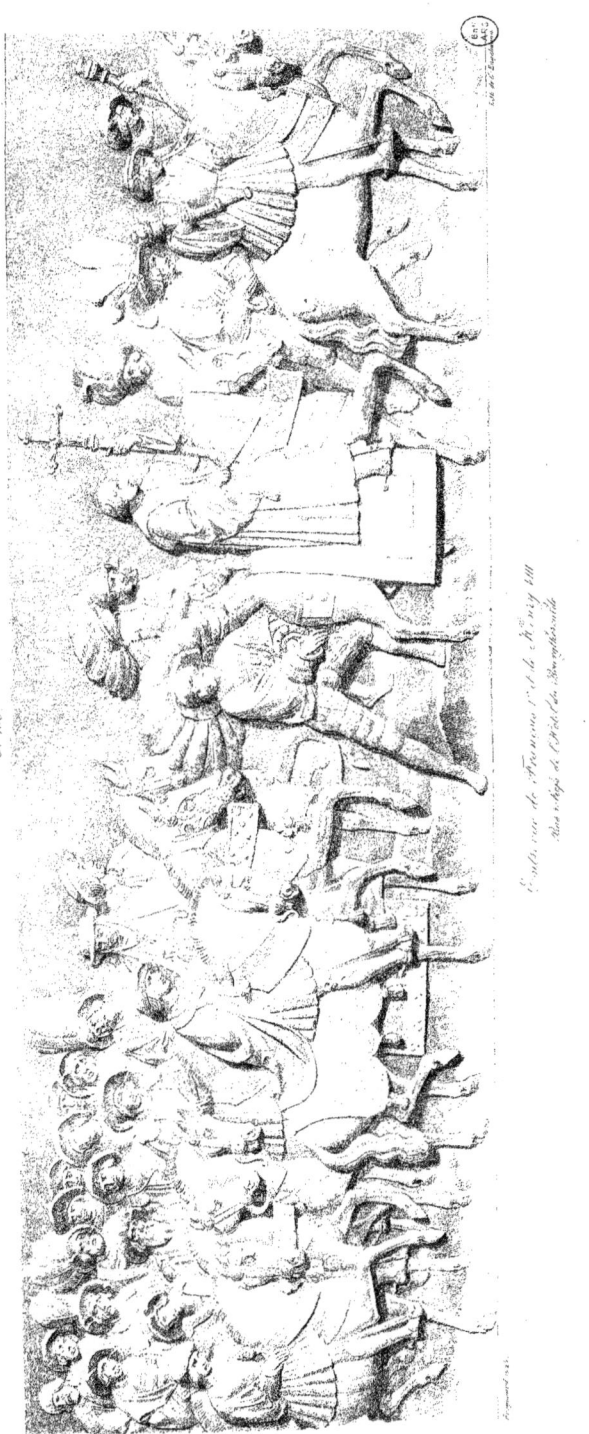

Couronne de François 1.er et de Henry VIII
Bas relief en l'Hôtel de Bourgtheroulde

Tombeau de François 1er et de Henry VIII
au-dessus de l'entrée de l'antichambre.

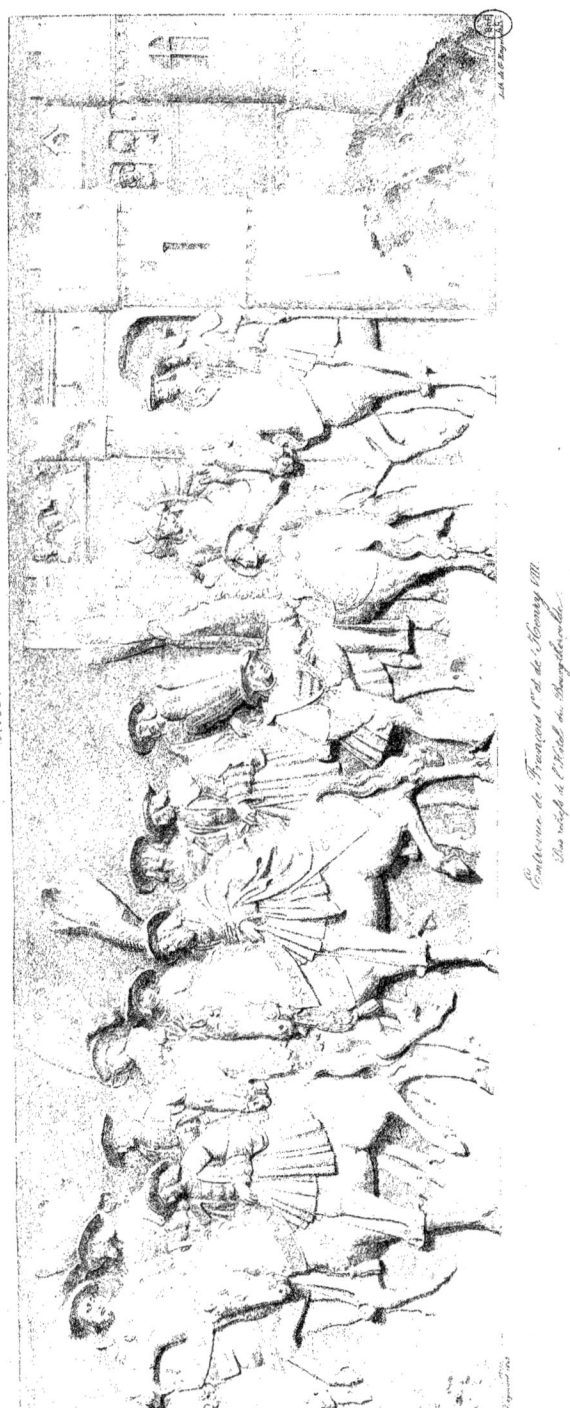

Costume de François 1er. de Sereney (?)
Bas-relief de l'Hôtel de Bourgtheroulde

Rouen.

LE PALAIS DE JUSTICE.

MONUMENTS PUBLICS.

Tout a des bornes dans les études et dans les systèmes de l'homme. Plus il y a d'ordre dans nos conceptions, plus elles sont exposées au danger de la monotonie, à l'uniformité des répétitions. Si nous conduisions nos lecteurs parmi les ruines de l'antiquité, nous ne pourrions guère leur montrer que des arcs de triomphe, des temples et des palais. Au milieu des ruines des temps intermédiaires, nous n'avons à leur faire voir que des tours, des cathédrales et des châteaux. Si quelque monument se distingue de ceux-là d'une manière assez positive pour renouveler l'intérêt aisé à fatiguer d'une curiosité vulgaire, c'est celui que nous allons visiter, c'est le Palais de Justice de Rouen. Il date de cette époque de la civilisation moderne où il entroit encore quelque chose de religieux dans toutes les institutions sociales, parcequ'on savoit encore que toutes les idées sociales remontent à des idées divines. On n'étoit pas arrivé au point de placer le christianisme et ses mystères sous les auspices de l'architecture payenne, et l'architecture chrétienne des siècles antérieurs présidoit au contraire à toutes les constructions simplement civiles, comme le sceau d'une vaste et harmonieuse intelligence qui embrasse et qui protége tous les intérêts de l'homme. Il y a une belle tradition de ce sentiment religieux dans la consécration touchante de ces maisons que décore la niche grillée de la Vierge ou du saint Patron, et dans la fresque populaire qui multiplie de pieux souvenirs sur les moindres bâtiments de l'Espagne et de l'Italie. La construction du Palais de Justice rappelle ainsi l'alliance des hautes croyances de l'homme avec ses premiers besoins, du sentiment de l'existence d'un Dieu dans le ciel, et de la nécessité d'une justice distributive sur la terre. La première idée qu'inspire son abord, c'est que la pensée de Dieu doit être là, cette pensée sans laquelle on ne conçoit point de justice, et que l'esprit si habile d'ailleurs de la sagesse ingénieuse du siècle n'a jamais pu remplacer. Quel emblème égalcroit en effet aux yeux du juge mortel qui dispose de la vie des hommes, la peinture du juge suprême que les hommes ont condamné? Quelle ame de fer ne frémiroit pas de conduire l'innocent au supplice, devant l'image qui représente le supplice de l'innocence elle-même? Cette leçon sublime est renfermée aujourd'hui dans un tableau. L'architecture chrétienne la faisoit résulter de l'expression générale d'un monument.

Les juifs chassés de Rouen vers la fin du douzième siécle y avoient occupé jusqu'alors un vaste enclos auquel ils laissèrent leur nom, entre la rue Saint-Lo et la rue aux Juifs. Cette place déserte fut d'abord réunie au domaine. Elle devint un fief de la ville sous Philippe-le-Bel. Au commencement du quinzième siècle, elle devint un marché. Le scandale qu'occasionoit le rassemblement des marchands dans l'église de Notre-Dame, aux jours les plus solennels de l'année, ayant averti l'attention de l'autorité, elle ordonna, en 1493, la construction d'une salle propre à leur servir de Bourse, et qu'on appelle aujourd'hui *la Salle des Procureurs*. Telle est l'origine de cette magnifique enceinte qui coûta la somme immense de 88,900 livres de cette époque, et qui, détournée depuis longtemps de sa destination primitive, paroît, comme *la Salle des Pas perdus* de Paris, une partie essentielle d'un plan simultané, où venoient se rat-

ROUEN. 87

tacher nécessairement toutes les constructions qui l'entourent. Ce n'est cependant qu'un *forum* autour duquel se sont groupés lentement les édifices d'un capitole.

En 1499, Louis XII crut augmenter l'importance des corps judiciaires en les rendant stationnaires. Ils n'allèrent plus chercher le coupable sur la place où le crime avoit été commis, ils l'attendirent dans un prétoire; et la grande salle du château de ROUEN fut choisie en attendant un autre local pour ces assises solennelles. C'étoit une espèce de pairie, composée des évêques, des abbés, des barons de la province, qui suivoit le souverain, ou s'assembloit au lieu qu'il avoit désigné. Ce tribunal étoit appelé *l'Échiquier*, probablement par allusion à la configuration symétrique des pavés au-dessus desquels il siégeoit, comme la *Junte* des Espagnols et la *Rote* de Rome; métaphore bizarre et cependant commune que rappelle encore le *Parquet* de nos *Cours* de justice.

Une charte curieuse nous apprend qu'en 1424 on avoit été obligé de reléguer un moment ce noble tribunal dans la *Halle des Pelletiers*, à défaut d'un emplacement convenable. Louis XII, en fixant son siége à ROUEN, et en ordonnant que ses travaux embrasseroient désormais tout le cours de l'année, lui assigna du moins une résidence plus digne de cette institution. Le côté septentrional du *Clos aux Juifs* vit s'élever un édifice attenant à la salle dont nous avons parlé. La cour de *l'Échiquier* s'y établit dès le 1ᵉʳ octobre 1506; et, deux ans après, Louis XII siégeant en personne y vint recevoir pour la seconde fois les bénédictions du peuple qui le nomme encore son père. C'étoit le mardi 24ᵉ jour d'octobre 1508. En 1515, Louis XII n'existoit plus, et l'institution en lui survivant pour long-temps avoit toutefois changé de nom. *L'Échiquier* s'appeloit le *Parlement*.

Il y a quelque fatalité attachée aux pensées généreuses des bons rois, comme si la Providence vouloit montrer qu'il n'y a point de puissance qui domine les destinées, même celle qui tombe en partage au génie et à la vertu. Le PALAIS DE ROUEN n'est pas achevé. Les travaux de ce magnifique édifice ont presque fini avec le règne protecteur qui les avoit vu commencer. A une époque peu éloignée de nous, il n'étoit pas impossible encore de les continuer, en reprenant le même plan et en formant lentement des artistes dignes de l'exécuter. Notre siècle de perfectionnement y procède d'une autre manière. La seule trace qu'une main qui se croyoit réparatrice ait laissée dans cette enceinte est une mutilation. Une partie des arcades du rez-de-chaussée étoit chargée de moulures d'une grace et d'une délicatesse exquise; on les a soigneusement effacées. L'instrument de destruction s'est heureusement arrêté là, et nous devons en savoir gré à des principes d'économie qui nous ont conservé du moins quelques débris. Si l'administration d'une certaine époque avoit été prodigue, ses bienfaits maladroits absoudroient les fureurs du vandalisme.

La grande salle du Palais est une des plus belles et des plus spacieuses de l'Europe. S'il s'agissoit d'exprimer ici autre chose que nos sensations, nous l'aurions mesurée. Ce seroit mal apprécier l'effet de ces constructions hardies, de ces larges ceintres sans appuis, de ces longues voûtes sans colonnes, où l'espace étendu par la difficulté semble défier tous les calculs. Nous ne l'avons comparée ni à la grande salle d'Amsterdam, ni à la grande salle de Padoue qu'illustrent d'ailleurs les peintures de Mantegna et de Giotto, et la solennité sans doute apocryphe du tombeau de Tive-Live. Ces traditions, toujours chères à une contrée encore classique, ont peu de prix chez nous; et si quelque voyageur s'est informé du chêne sous lequel saint Louis rendoit la justice à Vincennes, il en est bien peu qui se soient souvenus que *le Père du peuple* avoit donné le premier à la justice une forme régulière et une sorte de consécration sous les vastes arceaux de la grande salle du Palais de Rouen. On ne sauroit trop répéter à ce peuple, d'ailleurs si sensible et si généreux, qu'il a oublié d'être juste pour les travaux et pour la gloire du moyen âge.

Le commencement du dix-huitième siècle vit naître de nouveaux arts et de nouvelles prétentions. Au lieu de terminer l'ouvrage de Louis XII dans un esprit de construction qui fût conforme au premier plan, on éleva *en retour d'équerre* un bâtiment d'une régularité classique bien insignifiante. Ce défaut d'harmonie que les Anglois ont évité jusqu'ici avec plus de soin que nous, et qui de jour en jour, sans doute, choquera moins nos regards, n'étoit racheté dans cette partie de l'édifice que par une belle fresque de Jouvenet, qui devoit à sa patrie cet hommage de son talent. La chute d'un plafond a entraîné cette décoration magnifique, et de toutes les ruines de tant de siècles, cette ruine presque contemporaine est celle qui laisse le moins de traces. Elle n'a pas même vieilli.

Nous parlions il y a peu de temps du doute poétique qui s'étoit élevé sur la dernière prison de Jeanne-d'Arc. Ce monument de malheur et de gloire a-t-il disparu dans une démolition, ou bien faut-il le chercher dans la salle basse de la tour Martainville, qui a été certainement une prison, et dont les pans coupés à angles profonds ouvrent encore sous les yeux de l'observateur des souterrains et des cachots? Le récit de quelque vieil historien normand (je crois que c'est Farin), pourroit justifier cette supposition; et l'imagination, plus puissante que l'histoire, aime à peupler ces cachots et ces souterrains. On se demande s'il est vrai que cette vierge ait pleuré et prié sous ces voûtes, et puis on le croit parcequ'on a désiré de le croire. On cherche sur la pierre un trait qu'elle y aura gravé, l'image d'une épée ou d'une croix! On cherche sur la terre, que personne n'a foulée depuis, l'empreinte des fers qu'elle y a traînés. On implore de toutes ces murailles l'écho, le soupir d'une plainte!.... Pourquoi ne gémissent-elles pas de génération en génération pour rappeler tant d'ingratitude et tant d'oubli!

Le monument principal a subi de grands changements qui n'intéressent plus l'histoire des arts. Des trois tours principales qui le défendoient, il n'en subsiste maintenant que deux: celle que nous nommons *Tour de la Pucelle,* qui s'élève à l'extrémité d'un jardin que nous trouvâmes enchanteur, parceque le cœur est peut-être plus facile à recevoir de douces impressions, quand il est occupé de souvenirs imposants, et une autre qui, plus rapprochée du donjon, a dû retentir souvent du tumulte de la guerre et du cri des soldats. Elle sert maintenant de refuge à quelques saintes femmes qui s'y sont vouées au recueillement du cloître.

« Par la grace de Dieu, dit un ancien historien local, ceste ville de « Rouen a l'honneur d'avoir assez bonnes et belles fontaines en chacun « quartier pour la commodité des habitants. » Il existe en effet peu de villes aussi abondamment pourvues d'eaux limpides et salubres. Le nombre des fontaines publiques continuellement jaillissantes, monte aujourd'hui à plus de trente-six. Parmi les sources qui les alimentent, la plupart situées à une grande distance n'ont envoyé leurs eaux dans son sein qu'à la suite de longs et dispendieux travaux. Telle est en particulier celle de Darnetal, dont le cardinal Georges d'Amboise, premier du nom, détourna le cours d'une lieue entière de chemin, et qui fournit aux habitants de Rouen un motif de plus de bénir la mémoire de ce vertueux prélat, digne ami du Père-du-Peuple.

Dans des contrées plus adonnées au culte des beaux-arts, il n'est pas une de ces fontaines qui ne leur eût fourni quelque inspiration brillante et gracieuse, et les amis de l'architecture auroient à s'applaudir de leur multiplicité autant que la population qui en recueille le bienfait. Il faut convenir qu'il n'en fut pas ainsi à Rouen, et que deux seuls de ces monuments sont dignes de toute l'attention des artistes et des curieux, car il est inutile de citer ceux qui ne pourroient les intéresser que par la tradition douteuse de quelques ornements effacés et de quelques souvenirs évanouis, comme les fontaines de Saint-Vincent et de la place du Vieux Palais. Toutes appartenoient à ce siècle glorieux de la RENAISSANCE qui a couvert la France entière de ses brillantes créations, et l'une d'elles reproduisoit les traits du monarque chéri qui dit aux Rouennois: « Mes « amis, soyez-moi bons sujets, et je vous serai bon roy, et le meilleur roy « que vous ayez jamais eu. » Les deux fontaines dont nous avons promis de parler sont la fontaine de la *Croix de Pierre* et la fontaine de la *Crosse*; la première sur-tout singulièrement remarquable par sa position, par l'élégance de son aspect, par la grace de ses détails, et par l'ingénieuse application des formes de l'architecture gothique à un emploi si éloigné de leur destination ordinaire. C'est le 3 novembre 1515 qu'elle fit jouir pour la première fois les habitants de ce quartier du bienfait de ces eaux abondantes et pures, dues à l'infatigable sollicitude et à l'inépuisable munificence du cardinal d'Amboise, déja descendu dans la tombe ainsi que son royal ami[1]. Dans son état actuel, on ne sait s'il faut gémir davantage de la barbarie des mutilations que ce monument délicieux a subies, ou de la maladresse non moins barbare avec laquelle on a tenté de les réparer.

La fontaine de la *Crosse*, privée de l'horizon aérien sur lequel la *croix de pierre* se dessine, offre aussi de jolis détails d'architecture gothique. La source qui l'entretient n'ayant jailli qu'en 1540, on peut regarder sa construction comme un des derniers monuments du style à-la-fois original et gracieux du moyen âge. La maison contre laquelle elle est adossée et dont elle fait l'ornement, appartenoit aux abbés de l'Ile-Dieu, qui lui avoient attaché le signe de propriété dont elle tire son nom, la *crosse* épiscopale. Un peuple qui se faisoit grec et romain, auroit dû honorer du moins dans cette tradition de l'ancienne église *le lituus* des augures, et

---

(1) Nous lisons quelque part l'observation suivante qui nous paroît mériter d'être recueillie : « Le 17 octobre 1197, il intervint entre le roi d'Angleterre Richard-Cœur-
« de-Lion, duc de Normandie, et Gauthier ou Vautier, archevêque de ROUEN, une
« convention par laquelle ce dernier céda la ville d'Andeli à Richard, qui en échange
« lui abandonna la ville de Dieppe, la forêt d'Alihermont, le manoir de Louviers,
« et la petite ville de Boutelles qui n'existe plus. L'auteur de l'*Histoire de Louviers*
« dit que, pour conserver la mémoire de ce traité, on plaça dans plusieurs quartiers
« de la ville de ROUEN des *croix de pierre* au haut desquelles furent tracés des vers
« latins qui retraçoient les conventions du duc Richard et de l'archevêque Vautier.
« Le temps ayant détruit ces croix, ne seroit-il pas possible que le monument si connu
« à ROUEN sous le nom de la *croix de pierre* eût été élevé pour en tenir lieu! Les effets
« de ce traité s'étant maintenus jusqu'à la révolution, les archevêques de ROUEN au-
« ront toujours été intéressés à en conserver la mémoire, et sans doute la *croix de
« pierre*, monument plus imposant et plus durable que ceux qui l'avoient précédé,
« aura comme eux été élevée pour perpétuer le souvenir d'une convention avanta-
« geuse à l'église de ROUEN. »

cependant des *crosses* gravées en ornements dans les parties lisses des panneaux, paroissent y avoir été grattées. Ces mutilations barbares sont le crime d'une passion bien absurde, bien extravagante, mais moins révoltante pour l'esprit, moins offensante pour l'orgueil national que les réparations mal faites. Les nations ne sont pas solidaires des fautes d'une époque; elles le sont malheureusement des inepties consacrées, des sottises monumentales qui se conservent à travers une longue suite de siècles pour attester le mauvais goût d'une longue suite de générations.

De ces fontaines, trésor d'émanations salubres et d'utiles ablutions, il faut arriver au plus triste réceptacle des plus tristes infirmités humaines. Le prieuré de *Saint-Julien* fut établi à Quevilly pour la réception des femmes non mariées, d'honnête origine, qui étoient frappées de l'horrible contagion de la lépre; la religion leur ouvroit alors des cloîtres. La philanthropie du siècle ne pourroit leur donner que des lazarets.

Il falloit que cette funeste maladie fût bien commune encore pour que la piété des souverains se dépouillât, en faveur des personnes qui en étoient atteintes, de tant de plaisirs et de richesses. Lorsqu'Henri II fonda en 1183 l'hôpital de *Saint-Julien*, il renonçoit pour l'établir à son propre palais. Ce toit du malheur, domicile des êtres les plus affligés de la nature, les plus rebutés de la société, avoit été construit pour des conquérants. Un ordre exprès de certaines églises défendoit, sous peine d'excommunication, de donner l'aumône à un lépreux; cette cruauté apparente n'étoit qu'une précaution sanitaire que nous avons été obligés de remplacer avec des baïonnettes, et dont on rachetoit la rigueur en ouvrant à des femmes condamnées à une mort inévitable les appartements d'un château royal. Ces infortunées créatures qui n'avoient pas le droit de s'asseoir sur le seuil d'une étable, et que les ordonnances de Coutances et de Bayeux avoient privées de l'air et de l'eau, favorisées des bienfaits d'une royale charité, ont pu se revêtir des jolis tissus d'Arlette, et dormir entre les riches tapis de Mathilde.

Peu de coins de terre en NORMANDIE ont joui d'une illustration à-la-fois plus ancienne et plus variée que le territoire qui entoure cette jolie chapelle de *Saint-Julien*, dont la destination, d'abord si brillante, devint avec les années si mélancolique et si austère. Dès le règne du successeur de Rollon, les ducs de NORMANDIE y possédoient une maison de campagne et un parc où ils prenoient le plaisir de la chasse dans une vaste enceinte formée de pieux entrelacés dont on veut que le nom Normand ait produit celui de Quevilly. C'est là, nous dit l'historien du don de Saint-Quentin, et *dans une chambre peinte à flots,* ajoute Benoît de Sainte-More, que Guillaume Longue-épée fit amener son fils Richard Ier, et qu'il le remit entre les mains de Bothon, comte de Bayeux, pour être conduit en cette ville où l'on ne parloit que le normand, afin qu'il apprît comme simultanément les langues de tous les peuples qu'il devoit gouverner. C'est là que le conquérant se préparoit à chasser dans les bois de Rouvray [1], quand un serviteur fidèle vint lui annoncer la mort d'Édouard le confesseur et le couronnement de Harold [2]. C'est là qu'Henri II fit bâtir en 1160 cette nouvelle maison royale qui n'étoit d'abord destinée qu'aux voluptés de la grandeur toute puissante, et qui devint le refuge des plus cruelles misères; mais il faut le répéter, refuge privilégié, car la vanité de l'homme se mêle à ses infirmités comme à sa fortune et à sa

---

(1) Les chroniques appellent ce prince *amator nemorum.* Le nom même de Rouvray indique une forêt de chênes. Ce genre d'étymologies tirées de la nature des plantations se renouvelle souvent dans les noms locaux.

(2) « Quant le roy Edouart d'Engleterre fust mort, Herault se fist couronner a roy,
« et print les hommages et la possession du royaume sans en faire riens scavoir au duc
« Guillaume. Si advint que icellui duc estoit au parc de Rouvray lez ROUEN et tenoit
« un arcq qu'il assaioit pour aller bersser en la forest, et lors vint a lui ung varlet qui
« venoit d'Engleterre tout droict; lequel le trait a part, et lui dist que le roy Edouart
« estoit mort, et comme Herault estoit couronné roy. Quant le duc oy le varlet, si fust
« tout pensif et bailla l'arq a un de ses gens, et tantost passa la Seine et alla en son
« hostel a ROUEN qui estoit dessus la riviere, et entra dans la salle et se mist a aller et
« venir et estant appuié sur un banc estraindoit ses dents, et puis s'asséoit et inconti-
« nent se levoit ne en nulle place ne povoit arrester, et si ne lui osoient ses gens riens
« dire. » (*Chron. normande.*)

gloire¹. En 1366, une donation de Charles V fit passer l'église et la communauté et les lépreuses au pouvoir du prieuré de la Madeleine de ROUEN.

Le monument royal de Quevilly a porté bien des noms; ce fut un manoir, une maison de campagne, un palais, la chapelle de Notre-Dame, la chapelle de *Saint-Julien*, la *Salle au Roi*, à cause de son origine, la *Salle aux Pucelles*, à cause de sa pieuse destination. Ces murailles qui remontent, à peu d'années près, à l'invasion des Normands, ne rappellent plus guère au voyageur que le souvenir d'un hôpital. De toutes les munificences des rois, il n'y en a point qui atteignent aussi loin dans l'avenir que celles de la charité.

Le séjour antique de tant d'immortelles renommées se recommandoit au romancier comme à l'historien. Le vieux biographe de Robert-le-Diable en a fait le théâtre d'un des crimes heureusement fabuleux qui dévouent à des peines sans fin le Busiris du moyen âge². Naguère, plus occupés de rêves poétiques, nous suivions ce tyran dans sa robe d'ermite au milieu des ruines de ses vieux châteaux; nous le retrouvions errant sous la forme d'un loup à travers les halliers confus qui couvrent ses forteresses démolies; mais c'est abuser de la faculté d'écrire que de porter la cruelle fiction du chroniqueur jusque dans l'histoire. L'histoire est déjà si triste!

(1) C'étoit une espèce de chapitre où l'on n'entroit qu'avec deux privilèges, celui d'une haute extraction, et celui d'une horrible maladie. En 1361, les religieuses furent autorisées, après quelques débats, à ne pas admettre parmi elles Thomasse de Saint-Léonard, parcequ'elle n'étoit pas noble.

(2) « Comme la nuict fust venue qu'il devoit veiller en l'abbaie Saint-Pierre que de « présent est appelée Saint-Ouen de ROUEN, Robert se partit tout armé, et vint a un « reclusage distant d'une lieue de ROUEN, ou il y avoit femmes qui vivoient religieu- « sement. A present c'est *Saint-Julian*. Robert entra dedans, et fit venir devant lui « toutes les religieuses, et print laquelle qu'il lui pleut a force et la violla, et depuis « lui trencha les mammelles. Depuis ce lieu fut ordonné a mettre les ladresses, en la « salle qui est a present appelée *la Salle aux Pucelles*. » On nous pardonnera d'avoir cité cette épouvantable histoire pour établir une date curieuse.

Considérée sous le rapport de l'architecture, cette chapelle de *Saint-Julien*, qui dans ses différentes formes a tant de fois occupé l'histoire, offre le plus grand intérêt. On peut la regarder comme un des types les plus purs de l'école romane, et quand les autorités historiques dont nous nous sommes appuyés laisseroient quelque doute sur le premier objet de sa construction et sur la première époque où elle se soit élevée, le style de son architecture et la richesse de sa décoration suffiroient pour établir ces points importants de l'histoire de l'art. Construite dans ces jours de splendeur et de perfectionnement où l'*Opus romanum*, modèle consacré de nos monuments religieux, né avec l'exercice public du christianisme, alloit faire place aux légères et riantes conceptions de l'architecture à ogives, où déjà le nouveau système s'étoit introduit peut-être sur plusieurs points de la province, elle offre encore les anciennes lignes et les formes anciennes, mais modifiées et embellies de manière à pouvoir rivaliser de grace et de richesse avec les productions de la nouvelle école. C'est encore une abscide circulaire qui en forme le chevet, mais au lieu de la fenêtre du milieu, *vitrea abscidae*, qui se remarque toujours dans les édifices de l'âge précédent, ce sont quatre larges bées latérales qui l'éclairent. De bizarres corbeaux servent encore de couronnement à la muraille intérieure, mais un cordon gracieux règne au-dessus de ses fenêtres et les embrasse dans ses contours arrondis. C'est encore le zigzag du onzième siècle qui décore l'intérieur de l'édifice; mais étendu en rubans légers sur une file non interrompue d'arcades, il en dissimule la monotonie sous ses renflements alternatifs.

On chercheroit en vain dans l'église de *Saint-Julien* quelques traces d'ogives. On ne doit pas s'attendre non plus à trouver dans ses voûtes ces riches culs-de-lampes et ces plafonds artistement sculptés, miracles de hardiesse et de patience des siècles suivants; mais en revanche la peinture les a ornées de ses couleurs les plus vives et les plus pures. Brillantes d'or et de cinabre, leurs arêtes n'ont rien à envier aux productions les plus péniblement perfectionnées de la sculpture du moyen âge. Après plus de six cents ans d'existence et d'éclat, les couleurs en sont d'une telle fraîcheur qu'on seroit tenté de les croire toutes modernes, si la nature du travail et le style du dessin n'attestoient qu'elles sont en partie contemporaines de la royale chapelle; prestige de jeunesse et d'éblouissante vivacité qu'on diroit l'attribut et le privilège du coloris de ces vieux âges, et qui se reproduit d'une manière non moins surprenante dans les miniatures des manuscrits contemporains. Celles de ces peintures auxquelles on peut assigner une date si reculée représentent généralement des ornements d'architecture, et entre autres les traits anguleux de ce zigzag éternel si cher à l'école carlovingienne, mais qui passa tout-à-fait de mode vers le commencement du treizième siècle. Il est donc permis de croire que certaines de ces élégantes décorations ont pu charmer les regards d'Henri II et de sa volage épouse, Éléonore de Guyenne. Au reste, la plupart de ces tableaux, qui avoient conservé pendant tant de siècles tout l'attrait d'un travail récent, ont subi bien vite les outrages d'une vétusté prématurée, mais plus facile à expliquer que leur longue et surprenante conservation. Ce temple est maintenant une grange.

Pour terminer nos portraits des monuments publics de ROUEN, nous devons signaler encore sur l'emplacement même du château des ducs de NORMANDIE une construction inspirée par ce génie noble et gracieux qui présida de toutes parts aux productions de la RENAISSANCE. La chapelle de *Saint-Romain* est un arc de triomphe chrétien, chef-d'œuvre délicieux de ces artistes de Florence, qui vinrent comme un essaim d'abeilles enrichir toutes nos provinces de France des inspirations et des tributs de la belle Italie.

Nous retrouverons sur-tout leurs traces dans la Provence, dans l'Anjou, dans le Dauphiné, sur les rives de la Loire, au pied des montagnes de l'Auvergne; et nous verrons leur brillante et laborieuse fécondité occupée tour-à-tour à orner des monuments d'utilité publique, ou à rehausser l'éclat de la maison d'un riche citoyen. Les belles-lettres, sœurs des beaux-arts, et qui marchent avec eux, commençoient déja à polir ce peuple armé du moyen âge. Les villes étendoient leur enceinte,

perfectionnoient leur industrie, gagnoient des priviléges. Elles deve-
noient riches, et leurs richesses étoient alors employées à élever des
églises, à décorer des fontaines, à ouvrir des marchés. Les habitants
plus heureux aimoient à embellir leurs maisons, parceque la sécurité
d'une douce vie fait chérir l'intérieur. C'est à ce moment de prospérité
que le quinzième siècle fut redevable de ces merveilles que nous admi-
rons encore, quoique les siècles qui l'ont suivi ne nous aient légué que
leurs ruines.

Cour du Palais de Justice.

Grand Salle du Palais de Justice

Vue du Palais de Justice du côté de la rue St Lo.

Salle basse de la tour Bigot
Vieux Château

Fontaine de la Croix de pierre.

Fontaine de la Crosse.

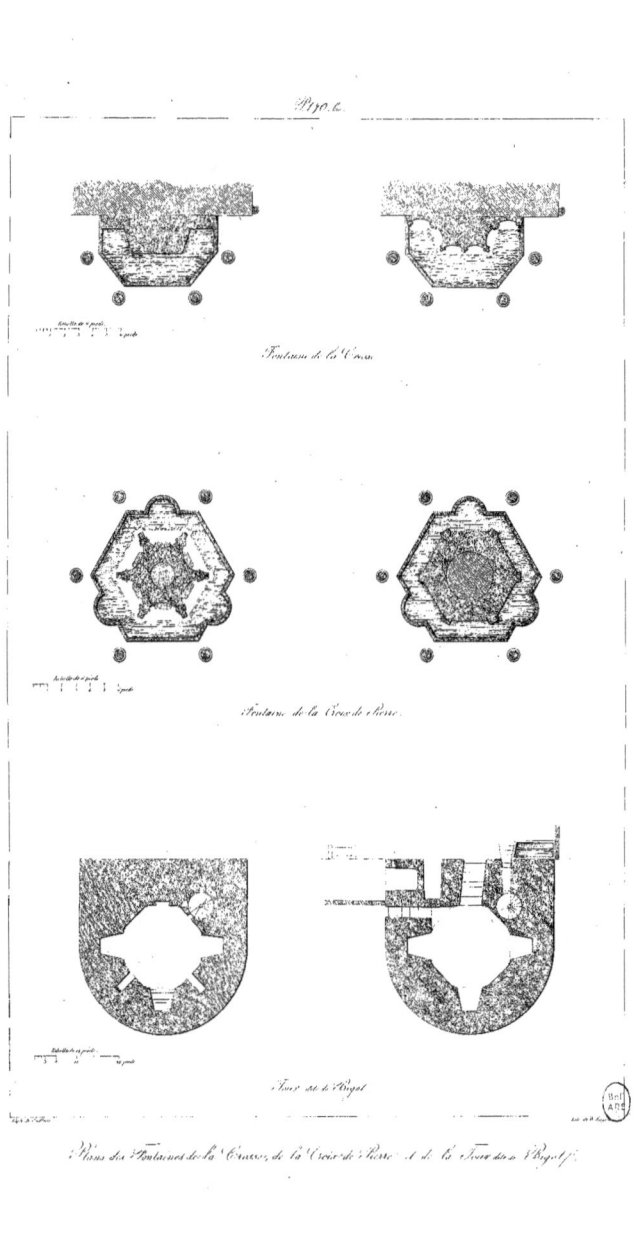

Plans des Fontaines de la Craux, de la Croix de Pierre et de la Tour des Bygot.

Rouen.

MAISONS[1].

Le feu sacré des beaux-arts survivoit, à Bysance, aux révolutions du Bas-Empire. Les derniers élèves des belles écoles des Grecs et des Latins y avoient déposé leurs derniers lauriers, et cette capitale du moyen âge, où étoit venue expirer la civilisation ancienne, conservoit seule les éléments d'une civilisation nouvelle. Les guerriers du nord qui avoient soumis l'Europe n'aspiroient plus qu'à jouir des richesses des vaincus, et qu'à légitimer leurs conquêtes en rendant aux nations les jouissances oubliées de la paix. Leur appel fut entendu, et de nombreuses colonies de philologues et d'artistes se répandirent parmi nous, rapportant avec elle tous

---

(1) Les maisons de la Renaissance en France, considérées dans l'intérêt de la science, demanderoient un ouvrage spécial. Nos travaux ont été assez heureux pour faire éclore bien des ouvrages de ce genre sur les antiquités de notre pays, et c'est leur plus douce récompense. Nous recommandons particulièrement aux lecteurs curieux de détails, que le plan de celui-ci ne nous permet pas d'embrasser, la *Description historique des maisons de Rouen*, ornée de dessins par E. H. Langlois; Paris, 1821, in-8°. Le texte et les gravures sont au-dessus de tous les éloges.

les trésors de l'ingénieuse antiquité, toutes les traditions du génie. Les arts se naturalisèrent sans peine dans leur nouvelle patrie, à l'ombre d'une religion basée sur la liberté, et qui appeloit le concours de leurs heureuses merveilles à ses fêtes et à ses mystères. Ils s'élevèrent, ils fleurirent, ils développèrent sous de brillantes inspirations des beautés dont l'antique même auroit été jaloux, et l'Europe rajeunie admira l'âge de la RENAISSANCE.

Le monde civilisé, subjugué par des peuplades obscures qui avoient adopté ses mœurs, ses lois et sa religion, cessa bientôt de s'apercevoir qu'il avoit été vaincu; il jugea que l'empire de l'instruction et des arts étoit le seul qui distinguât les maîtres des esclaves, et fier d'un ascendant auquel ses oppresseurs eux-mêmes avoient obéi malgré eux, il goûta les douceurs de ce triomphe inattendu sur la barbarie, sans se rappeler qu'il les avoit payées de la liberté. Bientôt l'agriculture féconda des terres que l'on croyoit rebelles à la charrue, l'industrie anima le morne silence des villes qui n'avoient retenti si long-temps que des apprêts de la guerre, le commerce embrassa les peuples de ses liens d'or, les citoyens, enfin rassurés sur l'instabilité des destinées incertaines qui les avoient poussés pendant tant de siècles de domination en domination, commencèrent à apprécier les plaisirs sédentaires de la vie privée, et à s'occuper de l'ornement de leurs maisons. C'est alors que la France se couvrit de ces constructions élégantes et de ces riants manoirs dont il lui reste encore de si riches vestiges.

Il est peu de villes qui ne le cèdent à ROUEN, soit dans le nombre de ces monuments privés, soit dans l'agrément et la singularité de leurs détails; mais s'ils sont tous plus ou moins importants à observer sous le rapport de l'art, aucun d'eux ne se recommande à la curiosité de nos lecteurs par un grand intérêt historique. Nous nous contenterons de leur signaler une jolie maison de la rue *Damiette,* dont le gothique gracieux emprunté aux premiers monuments qui s'élèvent à la suite de nos croisades, présente avec ce nom une charmante harmonie, deux autres de la rue de *la Grosse Horloge* qui se rapprochent davantage du goût italien, et qui offrent le type le plus parfait de cette espèce de construction au quinzième siècle, l'ancien bureau des finances, et enfin, dans une maison de la rue de *la Croix-de-Fer*, une cheminée remarquable par ses admirables bas-reliefs. Quoique ces bâtiments particuliers ne disent rien d'imposant à la pensée, et ne soient dignes de l'occuper que par des détails d'un genre spirituel et original, nous n'avons pas cru devoir les négliger dans un ouvrage destiné à reproduire autant que possible la Normandie du moyen âge. L'histoire de la vie domestique n'est à dédaigner, ni dans l'histoire des peuples ni dans l'histoire des arts; et sous le rapport même des jouissances de l'esprit, le goût le plus délicat aime à se reposer quelquefois des émotions d'un ordre très élevé dans des jouissances plus analogues à nos habitudes. Il aime à se distraire d'une impression puissante par des impressions plus communes, et se détourne sans effort de la contemplation d'un tableau d'histoire pour sourire au mouvement piquant et vrai d'une scène populaire que l'art a surprise à la nature.

Maison de la rue Damielle.

Ancien Bureau des Finances Place de la Cathédrale
Rouen

Rue du gros Horloge
Rouen

Cheminée d'une Maison, Rue de la Croix de Fer.
Rouen.

Bas-reliefs de la Cheminée d'une Maison rue de la Croix de fer.
Rouen.

Darnetal.

La terminaison de ce mot ne permet guère de douter de son origine germanique, mais on ne sait trop comment il faut interpréter les deux syllabes précédentes. Huet prétend que le nom de Darnetal signifie : *Une portion de terre cultivée dans une vallée.* Ce qu'il y a de plus certain, c'est qu'il existe à Caen un quartier et à Paris une rue qui le portent, sans avoir avec le Darnetal des environs de Rouen ni communauté d'origine ni rapport de situation.

Bien peu de souvenirs historiques sont attachés à Darnetal qui n'a marqué dans le moyen âge ni comme poste militaire, ni comme siège ou dépendance d'établissements religieux, seules circonstances qui pussent trouver grace devant le laconisme habituel des chroniques. Formé de la réunion de deux paroisses qui portent chacune un nom de lieu distinct (Saint-Ouen de Long-Paon, et Saint-Pierre de Carville), c'est seulement sous l'un de ces deux noms, et particulièrement sous celui de Long-Paon (*Longum Pedaneum*), qu'on le rencontre quelquefois dans les vieilles annales de Normandie. Celui-ci figure dans deux anecdotes remarquables de ce règne de Rollon dont quelques faits à peine sont parvenus jusqu'à nous.

Tout le monde connoît les lois sévères par lesquelles ce prince ramena tout-à-coup ses farouches compagnons d'armes de leurs habitudes pillardes et vagabondes à l'amour de la vie sédentaire et au respect de la propriété. Non content d'effrayer les voleurs par l'appareil des justes châtiments, il avoit voulu que les laboureurs suffisamment rassurés par sa vigilance laissassent aux champs leurs bestiaux et leurs instruments de labourage. Un habitant de Long-Paon s'étant conformé à cette disposition, et ne trouvant plus au retour ses attelages ni sa charrue, alla se plaindre à Rollon qui lui fit remettre cinq sous de la monnoie de cette époque pour le dédommager de sa perte; mais une enquête par l'épreuve du feu ayant prouvé que ce prétendu vol n'étoit qu'une coupable supercherie de ce paysan et de sa femme, ils furent pendus tous les deux. *(Dud. de morib. et act. Normann.* 11, p. 85.)

C'est un des faits les plus remarquables de l'histoire que la facilité avec laquelle les Normands abandonnèrent tout-à-coup, non seulement leurs mœurs barbares, mais le culte même de leurs ancêtres pour se plier au culte et aux mœurs de la nation conquise. Si l'on en croit les récits d'ailleurs unanimes des moines, seuls guides qui puissent nous diriger à travers ce qu'il est permis d'appeler avec Milton les *ténèbres visibles* du dixième siècle, Rollon fut depuis son baptême le protecteur sincère et le bienfaiteur des églises. Il embrassa du moins avec chaleur dans toutes les circonstances leurs moindres prétentions, et la seule question est de savoir s'il faut tenir compte de cette déférence à sa conviction ou à sa politique. Dans la cinquième année de son règne, les habitants de Rouen vinrent se plaindre à lui de n'avoir pas recouvré le corps de leur archevêque saint Ouen qui avoit été transporté en France à l'époque de l'invasion des Normands encore païens. Le duc envoya sur-le-champ signifier la guerre au roi de France, s'il n'aimoit mieux restituer ces saintes reliques à ses peuples. Le corps de saint Ouen fut rapporté de Condé, et déposé à Long-Paon, d'où par une circonstance assez commune dans les récits de cet âge crédule, on ne put d'abord l'enlever pour le conduire à Rouen. Rollon jugea que le seul moyen de fléchir le courroux du saint évêque étoit d'aller le chercher solennellement lui-même à la tête du peuple et du clergé, dans le costume le plus humble: « *in laneis vestibus et nudis pedibus.* » C'est peut-être de cet événement arrivé aux calendes de février 918 que ce village tira le nom de *Longum Pedaneum.*

Nous ne nous rappelons aucun récit du moyen âge où le nom de Carville (probablement *Carolivilla*) se trouve consigné. Son clocher carré et séparé de l'église, suivant un usage rare en France et commun en Italie, offre au voyageur qui en atteint le sommet le vaste panorama des deux vallons pittoresques et frais qui se réunissent à DARNETAL, et dont les eaux après avoir alimenté ou mis en mouvement des milliers d'usines, se dirigent vers Rouen chargées de parties colorantes empruntées à tous les tissus qui leur ont été confiés. Les toits pressés et les hautes tours de Rouen, la magnifique ceinture d'arbres qui remplace ses anciens fossés, les vapeurs qui s'élèvent sans cesse de l'active et bruyante cité, terminent au midi l'horizon de ce gracieux paysage dont ils font ressortir la fraîcheur, et auquel les verdoyantes pelouses de la montagne de Sainte-Catherine prêtent quelque chose de grandiose et d'alpestre.

Ce clocher de Carville est l'objet de beaucoup de traditions populaires relatives à Henri IV, dont chaque pays revendique un souvenir comme un titre de noblesse. On dit, et il n'y a rien de plus vraisemblable, que ce prince en fit souvent son poste d'observation. Au reste, soit que l'idée que nous en rapportâmes à la suite de notre premier voyage résultât naturellement d'un concours assez rare d'événements fort tristes, soit que notre cœur fût alors plus accessible à un genre d'émotions que l'âge commence à décolorer, l'aspect de DARNETAL et de son clocher solitaire ne réveilla long-temps en nous qu'un sentiment de mélancolie et de terreur. C'étoit dans la matinée d'un des jours les plus froids de l'automne. L'atmosphère étoit chargée de vapeurs humides et blanchâtres que l'air rouloit sur la plaine, et qui à l'horizon baignoient les murailles de Rouen comme les eaux d'un lac. Le travail des usines étoit suspendu par quelque férie religieuse ou par quelque obstacle naturel. Tout ce que nous apercevions du haut de ce phare terrestre étoit désert et muet. Il ne s'élevoit dans le ciel d'autre bruit que le gémissement des oiseaux de nuit que nous avions réveillés dans leurs trous, et qui battoient les murailles de l'aile, en grinçant les valves de leur bec avec un cri aigre. De temps à autre seulement, le vent descendoit du nord en sifflant, et faisoit pirouetter sous nos pieds des tourbillons de feuilles sèches. La verdure même de ces plaines que nous avons revues si riantes étoit obscure, mate, sans nuances, et ressembloit moins à une robe de fête qu'à une tenture de deuil. Peu de jours auparavant, un voyageur qui paroissoit animé du même genre de curiosité que nous, avoit voulu visiter le sommet de la tour. Il s'y étoit arrêté assez long-temps à s'informer comme nous des objets variés que la vue peut y embrasser, et des souvenirs qu'elle rappelle à l'histoire. Tout-à-coup il s'élance, franchit la haute galerie qui l'entoure, lutte un moment contre les efforts de son guide qui est parvenu à le saisir, s'en débarrasse et tombe. La terre garde encore une empreinte profonde de sa chute. Non loin de là on nous montra la fosse bien récente (les fleurs qui la couvroient n'étoient pas toutes desséchées) d'une jeune et charmante fille morte la veille de son mariage. Son prétendu venoit y pleurer chaque nuit, mais dès le lever du soleil il se retiroit et ne paroissoit plus de la journée. C'étoit le fossoyeur qui nous faisoit ce récit en creusant une fosse, pendant qu'assis à côté de lui sur les bords d'une fosse qu'il venoit de creuser, nous mettions en ordre nos notes et nos croquis.

L'église de Darnetal n'a rien de remarquable, mais la physionomie insolite de cette construction qui nous rappeloit le caractère de certaines églises d'Italie, n'entretenoit notre imagination déja préoccupée d'idées sombres que des plus sombres souvenirs. Un moment nous craignîmes de tourner les yeux vers le confessionnal, et de voir se réaliser cette scène terrible que d'habiles crayons inspirés par quelque réminiscence tragique avoient naguère rendue vivante à nos yeux.....

DARNETAL.

Un prêtre menaçant qui s'élance hors du tribunal de la pénitence, en prononçant l'arrêt de condamnation qui ne sera jamais révoqué sur la terre, et une femme infortunée qui passe des prières au désespoir, se débat en gémissant contre son juge, pousse un dernier cri, succombe et meurt!

Clocher de Darnethal.

Vue Générale de la Ville de Namur
prise du Rocher à Sarathe.

Léry.

Les églises d'une haute antiquité, remarquables par leur construction, sont assez rares dans la Normandie proprement dite; notre récolte sera plus riche en ce genre dans la Basse-Normandie, et particulièrement aux environs de Caen. Cette différence dans les deux divisions d'une même province peut s'expliquer par leur position relative. Plus rapprochée de l'Ile-de-France et du siége de notre monarchie, la Haute-Normandie fut par la conséquence nécessaire de ce fait géographique le champ de bataille où la France et l'Angleterre venoient mesurer leurs forces. Il est bien rare que la modeste maison de Dieu, élevée aux frais de quelques paysans, résiste aux excès de la guerre. Il faut pour protéger un monument contre les fureurs des hommes une masse immense comme celle des Pyramides, ou une ceinture inviolable comme les remparts des forteresses. On rencontre cependant d'heureuses exceptions à cette loi générale, et la petite église de Léry, bâtie sur la rive droite de l'Eure, à deux lieues du Pont-de-l'Arche, en offre un agréable exemple.

Ce monument, modeste comme les mœurs du peuple simple pour lequel il a été construit, se fait remarquer cependant par une ordonnance noble et sévère. C'est le génie de l'architecture romane, mais réduit à d'humbles proportions et dépouillé d'ornements. Infiniment moins vaste et moins élégant que le superbe vaisseau de Saint-Georges de Bocherville, celui de l'église de Léry lui cède à peine en beautés originales, et le portail de sa façade occidentale est un des modèles du style lombard.

L'église de Léry a la forme d'une croix dont le centre est occupé par une tour courte et carrée qui formoit autrefois la pyramide; aujourd'hui, comme dans tous nos villages, elle supporte la flèche en bois couverte d'ardoises ou de lattes légères que surmonte un coq grossièrement découpé, décoration d'assez mauvais goût, sans doute, mais qui, jaillissant d'une masse d'arbres bien touffus dans l'éloignement d'un joli paysage, annonce d'une manière gracieuse et pittoresque le doux asile de la campagne. Il y a plusieurs détails dans la construction de cette église qui lui sont essentiellement propres. L'architecte paroît n'avoir eu d'autre but que d'élever un édifice durable sur un plan majestueux. Une double rangée de piliers et d'archivoltes sépare la nef en trois parties, et un plus grand arc la sépare du sanctuaire. Les transcepts sont sans arcs-boutants, la partie orientale sans décorations, les archivoltes sans moulures, les chapiteaux sans ornements et les piliers sans bases.

Des figures beaucoup plus modernes ont été placées sur des mutules contre les spondyles des arcs. Le cordon qui règne à la hauteur des statues est un exemple rare en Normandie de ce genre d'embellissement, mais on le retrouve en Poitou, à Chartres, et plus particulièrement au beau clocher de Vendôme, dans des monuments du même âge.

Près du cimetière est une charmante croix de la Renaissance. Lors de notre passage à Léry elle étoit entourée de quelques arbres qui peut-être ne l'ombragent plus. Peut-être aussi doit-elle disparoître avant eux. Heureux nos dessins s'ils font concevoir toute la grace et toute la délicatesse de son exécution!

A quelques pas du village, des pierres éparses attirent encore l'attention du voyageur. Ce sont les ruines du palais de la reine Blanche, de Blanche d'Évreux, femme de Philippe VI qui mourut l'an 1350. Le peuple a conservé son souvenir, et rien dans le monument ne contrarie cette tradition. Blanche étoit aimée, elle étoit bonne et jolie, et sur ces décombres on aime à rêver qu'elle affectionnoit cette retraite, et que les fenêtres de son oratoire donnoient sur la Côte des Deux Amants.

Du haut de ces ruines, à l'extrémité d'une plaine délicieuse baignée des eaux de la Seine et de l'Andelle, on aperçoit encore au sommet de cette montagne poétique les restes de l'ancien prieuré.

Ruines du Palais de la Reine Blanche.

Pl. 179

Villeneuve et Victor Adam del.

lith. de G. Engelmann

Façade de l'Eglise de Lery.

Église de Tyr.

Croix de Térn.

Le château Gaillard.

C'ÉTOIT aux plus beaux jours de guerre et de gloire de la Normandie. Le lion si long-temps captif étoit enfin déchaîné. Échappé au glaive des musulmans, aux fers du duc d'Autriche, aux embûches de Jean et de Philippe, le noble Richard étoit rentré dans cette belle province qui posséda son cœur après sa mort, comme elle avoit possédé ses plus chères affections pendant sa vie. Mais en voyant tout ce que la trahison lui enlevoit de l'héritage de ses pères, Plantagenet avoit frémi de rage. La ligne de l'Epte étoit franchie, la Seine ouvroit une vaste issue aux François pour venir porter le pillage et la destruction jusques dans les murs de sa capitale. Il falloit couvrir ce qui lui restoit de ses états, il falloit se créer un point d'appui, d'où il pût s'élancer un jour pour aller reconquérir ses anciennes limites. Aucune position n'étoit plus favorable pour remplir ce double dessein qu'un des points de l'enceinte demi-circulaire de collines qui défend des ravages de la Seine les doux vallons d'Andelis. Du haut de leurs sommets l'œil plane sur tout l'espace qui sépare Louviers de Gaillon, et le fleuve aux cent détours se déroule à leurs pieds en labyrinthes innombrables. Mais au bord même de la vallée du Gambon, la dernière de ces collines semble se détacher de ce vaste amphithéâtre pour se rapprocher du fleuve et fermer l'accès de la ville voisine. Tel est le lieu où Richard voulut asseoir la forteresse qu'il destinoit, comme l'indique si naïvement le nom qu'il lui a imposé, à braver dédaigneusement les armes des rois de France. Ce n'étoit pas la première fois d'ailleurs que ces hauteurs escarpées frappoient les regards du prince. Bien souvent dans les expéditions guerrières qui l'appeloient de ce côté, il avoit observé de ce donjon naturel la marche de l'ennemi, à travers le paysage immense qui se déployoit sous ses yeux. Peut-être même est-il permis de croire que le royal troubadour y avoit consulté quelquefois cette muse agreste qui réserve ses inspirations les plus délicieuses pour les antres des montagnes et le calme des solitudes. Un jour, si nous en croyons Guillaume-le-Breton, de sanglantes représailles y signalèrent son passage. Indigné des barbaries que le monarque ennemi exerçoit envers ses sujets, Richard fit précipiter trois soldats de Philippe du haut du même rocher où s'éleva depuis le CHATEAU GAILLARD. Ce lieu destiné à rappeler tant de souvenirs tragiques étoit déjà échu à cette cruelle fatalité, dans un temps où il sembloit n'appartenir encore qu'à la nature.

Bâtie sur le terrain de l'archevêque de Rouen Vautier, ainsi que la tour de l'île voisine avec laquelle elle se lioit par des ouvrages intermédiaires, pour former un seul système de défense, la nouvelle forteresse avoit excité le courroux du fougueux prélat, qui mit toute la province en interdit et laissa les morts sans sépulture, jusqu'à l'acquittement total des indemnités qu'il réclamoit. Au mois de mai 1198, pendant que le roi se plaisoit à contempler les progrès de la construction, une horrible pluie de sang vint souiller les vêtements des ouvriers et porter la terreur dans leurs ames. Richard lui seul contempla ce terrible présage avec indifférence. Cependant ce sang annonçoit du sang; mais la voix d'un ange n'auroit pu le déterminer, dit un de ses historiens, à renoncer à sa forteresse chérie, à son beau château de la roche, comme il aimoit à l'appeler. Tant d'ardeur fut secondée par une promptitude d'exécution dont on a peine à se faire une idée. Un an suffit pour creuser ces immenses fossés, pour élever l'un sur l'autre ces magnifiques retranchements qui semblent avoir dû fatiguer les bras de plusieurs générations. Enorgueilli et charmé de son ouvrage, Richard put s'écrier dans l'ivresse de sa joie: « Qu'elle est belle, ma fille d'un an!.. *Ecce quam pulchra filia unius anni!* » *Dilexit enim eumdem locum, et nimis gloriabatur in ipso.* Hélas! cette joie devoit être bien courte, plus courte encore que ne le sont ordinairement la plupart des joies de la terre, et déjà le tombeau de son père l'attendoit à Fontevrault.

Quiconque a vu le Chateau Gaillard partagera l'enthousiasme de son royal fondateur. Jamais la terre de Normandie, jamais peut-être la terre de France ne se couronna de remparts qui alliassent tant de force à tant d'élégance; jamais enceinte de murailles ne fut munie de renflements plus doux; jamais les machicoulis d'un donjon ne furent supportés par des contreforts plus étranges à-la-fois et plus gracieux; jamais enfin les regards des guerriers ne furent enchantés par un paysage plus ravissant. Est-ce aux remparts de Messine, de Saint-Jean-d'Acre ou de Dieterichstein que le noble Richard emprunta le type de cette admirable architecture militaire qui n'avoit point eu d'exemple, et n'eut point chez nous d'imitations, ou bien devons-nous croire qu'elle sortit tout armée de sa tête comme Minerve de celle de Jupiter? Ce furent sans doute les arts de l'Orient qui vinrent inspirer et qui firent éclore sur nos montagnes cette merveille dérobée à quelque climat lointain, à quelque terre d'enchantement et de féerie. Aucune de nos constructions du moyen âge n'avoit pu en faire pressentir le sublime caractère.

La fille chérie de Richard comptoit à peine deux années d'existence, quand son royal fondateur tomba sous les coups d'un soldat vulgaire, et mourut de la mort d'Achille, frappé d'une flèche au talon. Mauvais fils et mauvais frère, son successeur ne pouvoit manquer d'être un mauvais roi. Il mit le comble aux forfaits qui avoient annoncé son règne, en devenant le lâche assassin de son propre neveu. L'ancien complice de ses perfidies reçut du ciel la mission de venger cette dernière et monstrueuse violation de toutes les lois divines et humaines. L'heure étoit arrivée où les rois de France devoient recouvrer le plus beau fleuron de leur noble couronne, cette province de Normandie à qui trois siècles suffirent pour remplir la terre du nom de ses enfants. Le Château Gaillard fut nécessairement en butte aux premières atteintes de l'ennemi, et dès le mois d'août de l'année 1203, le roi de France en personne vint investir ses murailles encore humides. Ce siège, mémorable par sa durée, par le courage du brave gouverneur Roger de Lascy, par les efforts incroyables qu'il occasiona de part et d'autre, sans toutefois appeler la présence immédiate de l'assassin d'Arthur, se prolongea pendant huit mois. Les attaques du roi de France s'étoient portées d'abord sur la tour de l'île qui défendoit le cours de la Seine. Des ponts établirent bientôt la communication des deux rives avec cette île, fort différente alors de ce qu'elle est aujourd'hui, s'il faut en croire Guillaume-le-Breton qui lui donne une figure ronde; et quatre tours de bois élevées sur des bateaux vinrent dominer ses remparts. Le roi Jean se hâta d'envoyer une armée de terre et une flotte pour troubler les opérations des assiégeants par une double attaque nocturne, et il est probable que cette opération auroit produit le résultat qu'il en attendoit, si les deux armées étoient arrivées en même temps; mais la flotte ne parvint à remonter la rivière qu'au moment où les François, revenus de leur première surprise, avoient déjà repoussé l'armée de terre. Le roi Jean, satisfait de cette expédition inutile, se replongea aussitôt dans la vie molle et voluptueuse où il oublioit les humiliations de sa couronne, la perte de ses provinces, et peut-être jusqu'à ses remords. Cependant un habile plongeur étant parvenu à mettre le feu aux palissades qui unissoient l'île au Château Gaillard, les assiégeants profitèrent du trouble des assiégés inférieurs pour les forcer à capituler. Libres alors de diriger toutes leurs forces contre le château, ils l'enveloppèrent d'une enceinte fortifiée de tours, et attendirent de la famine le succès de leur entreprise. Roger de Lascy, qui prévoyoit aussi cette catastrophe, mais qui espéroit la reculer assez pour fatiguer la patience de l'ennemi, avoit fait sortir à deux reprises toutes les bouches inutiles. La première émigration eut lieu sans difficulté, mais la seconde troupe, repoussée par les assiégeants, d'après l'ordre formel de Philippe, repoussée par les assiégés qui l'avoient rejetée et qui n'eurent point d'égard à sa cruelle détresse, resta en proie pendant tout l'hiver aux horreurs de la famine. Les chiens qui partageoient l'horrible exil de ces infortunés furent long-temps leur seul aliment, mais cette ressource leur manqua enfin, et ne leur en laissa plus d'autre que l'herbe courte et stérile des fossés. Alors ils se regardèrent tous dans un affreux silence, en comptant impatiemment les jours qui restoient à vivre aux plus foibles et aux plus malades, et hâtant de leurs desirs le moment où un cadavre tomberoit en proie aux vivants comme une curée. On dit même, et la plume se refuse à l'écrire, qu'ils se partagèrent les lambeaux d'un enfant qui venoit de naître et qu'ils arrachèrent des bras de sa mère pendant qu'elle le regardoit pour la première fois. Philippe enfin touché de la tardive compassion des rois recueillit ce qui restoit de ces malheureux, et leur fit prodiguer une nourriture abondante qui les tua presque tous. Quelques jours plus tôt, le superflu de sa munificence les auroit tous sauvés.

A la fin de février, le roi revenu en personne au siége fit combler l'immense fossé et battre en brèche. L'intrépidité d'un soldat dont l'histoire a conservé le nom (il s'appeloit Pierre de Bogis), introduisit les François jusques dans le corps de la place et bientôt jusques dans le donjon. Le brave gouverneur fut pris avec deux cents hommes, derniers débris de cette garnison héroïque, et, ce qu'on auroit peine à croire à la suite de ces histoires d'antropophages qui soulèvent le cœur, il fut traité par le vainqueur avec une générosité digne de son courage. Ce dénouement console du récit.

Un siècle après, en 1314, le CHATEAU GAILLARD fut le théâtre d'une nouvelle tragédie. Nous sommes heureux de pouvoir nous servir ici des expressions de Mézeray dont l'impassibilité stoïque nous épargnera des détails faits pour offenser la sensibilité de nos lecteurs et la pudeur de notre langue.

« Philippe-le-Bel, dit-il, avoit marié ses trois fils autant agréables
« et beaux qu'il y en eust en Europe; Louis à Margueritte, fille du duc
« de Bourgogne, Philippe comte de Poitou à Jeanne fille d'Othelin de
« Bourgogne, et Charles à Blanche, sœur puisnée de Jeanne. Ces prin-
« cesses se gouvernèrent si mal que leurs maris ayant aperceu ce que tout
« le monde voyoit, s'en allèrent plaindre au roy, et tous trois en même
« temps accusèrent chacun la sienne d'adultère........ Jeanne fut absoute;
« Marguerite et Blanche, convaincues, furent enfermées entre quatre
« murailles à CHATEAU GAILLARD en Normandie, où Louis fit peu après
« étrangler Margueritte avec un linceuil[1]. Leurs adultères, Philippe et
« Gauthier d'Aulnoy[2] eurent les parties dont ils avoient commis le crime
« arrachées, la peau éraflée, et après de cruels tourments ils furent trainez
« à la queue de chevaux furieux sur des troncs de foin nouvellement cou-
« pez, et leurs corps ainsi défigurez portez au gibet[3]. » Le chevalier de

[1] La tradition la plus commune, quoique la moins vraisemblable, est qu'elle fût étranglée avec ses cheveux. Le vieil auteur que nous allons citer contredit positivement cette hypothèse :

> Furent menées a val Sainne
> . . . .
> De tout noble atour despoillées,
> t puis rases et roognées.

[2] Les historiens et les chroniqueurs les appellent indifféremment d'Aulnay, d'Aunay et Delaunay. Tous ces noms existent encore en Normandie dans leurs différentes orthographes.

[3] Nous avons pensé que les amateurs d'archæologie littéraire trouveroient ici avec intérêt ce qui concerne cette tragique aventure dans la chronique rimée de Godefroy de Paris sur Philippe-le-Bel. *Mss.* de la Bibl. royale, n° 6812, un des monuments les plus naïfs et les plus piquants de notre ancienne histoire.

> En cele année adonc en may
> Un temps plain de jolieté
> Fu tornée en adversité
> Au royaum dont l'on parlera
> Tant com le monde durera.
> Tout chant et baudor et léesce   *baudor*, réjouissance; *léesce*, liesse, joie.

toutes les belles n'avoit pas lu ce présage dans les lettres de sang que traçoit autour de lui la pluie de mauvais augure qui souilla le berceau de

Torné fussent a grant destrece
Du cas qui lors en France avint
Dont escorcher il en convint
Deux chevaliers joli et gay
Gautier et Phelippe d'Aunay;
De pere et mere frere estoient
Ce fu pour ce qu'ils maintenoient   *maintenir*, avoir un commerce illégitime avec
L'un la seur du duc de Borgoigne   une femme.
Dont il faisoit sa grant vergoigne.
L'autre frere la fille au conte
De Borgoigne, dont France a honte;
Ce tort par-tout la chose en court.
La fille au conte si avoit
Une seur riens ne savoit
De la royne et de sa suer,
Car el n'estoit pas de leur cuer
N'au sègre conseil appelée.   *sègre*, secret.
Si vit elle mainte jornée
Maint semblant qui li desplaisoit
Mais de ce pas parler n'osoit
Par la honte de son lignage,
Et por courroux, et pour dommage,
Eschiver. Car qui le tout taist   *eschiver*, littéralement esquiver.
De tous a pais, vers nul n'a plaist.   *plaist*, plaid, différend, dispute.
Mais il n'est nul feu sanz fumée.
Lors est la chose ainsi alée.
Le fet fu ataint et prouvé
Qui a grant piece avoit couvé   *grant piéce*, depuis long-temps, *piéça*.
Et en appert fut couneu   *en appert*, à découvert.
De Phelippe que il geu   *il geu*, il avoit couché.
Et plusors fois à sa veillance   *veillance*, à sa connoissance.
Et sanz force et sanz contrestance   *contrestance*, opposition.
A la royne de Navarre,   *a la royne*, avec la reine.
Et tout ce que de lui requerre
Vouloit, avoit entierement;
Je ne sai pourquoi ni comment
Ainsi entrelz deux accorderent;
Mais en mainte guise en parlerent
Les gentz; les uns communément
Distrent que par enchantement
Accorderent. Les autres distrent
Que sanz enchantentreux le firent;   *enchantentreux*, quolibet plus facile à com-
Creez lequel que vous voudrez   prendre qu'à expliquer.
Et non pas tout ce qu'en orrez.
Mes voir est deux ans et demy
Furent amie et amy,

sa *fille*. Pour y soustraire de pauvres créatures que l'on aime à croire innocentes, il auroit peut-être renoncé à ses projets et à sa gloire. Au reste,

    Et son autre frere connut
    Que toute sa volonté but
    De la fille au queus de Borgoigne;
    Ainsi couvrirent leur besoigne;
    C'estoit des deux sœurs la mainsnée,   *mainsnée*, cadette.
    Au mainsné la le roy donnée
    Estoit Charles nommé par non,
    Conte de la Marche en sornon.
    De ces deux dames conneu
    Fu ce qui de tous est seu.
    Car les dames tout témoignerent
    Ce que les hommes confesserent
    La confession ainsi faite,
    L'eure ne fut pas moult retraite   *retraite*, retardée.
    Que donnée en fu la sentence.
    Si furent jugié sans doutance
    Les deux chevaliers de leur pere   *leur père*, leurs pairs. Voyez huit vers plus bas.
    D'une sentence si amere
    Por leur traison et péchié
    Que il furent vif escorchié,
    Puis fu lor nature copée
    Aux chiens et aux bestes jetée,
    Et puis traisné et pendu,
    Tel jugement lor fut rendu
    De lor pere et de plusor.
    Ainsi moururent en doulor.
    De cel jugement fu retrait
    Que trop tost trop cruel fu fet,
    Non pas portant a traiteur   *traiteur*, traître.
    Ne peut on trop de deshoneur
    Faire, ni honte, ni despit,
    Por ce n'orent point de respit.
    A Pontoise le jugement
    A esté fait communément,
    Et puis au gibet traisné,
    Ainsi furent il definé.   *definé*, mis à mort.
    Et de Navarre la royne
    La fille au conte sa cousine   *cousine*. Il est évident qu'on prononçoit *roïne*,
    Furent menées à val Saine   au moins en vers.
    A Audeli par bonne estrainne   *estrainne*, garde, escorte.
    De tout noble atour despoillées
    Et puis rases et rooignées.   *rooignées*, sans cheveux.
    Si ot chascune sa prison
    Et petite sa garnison.
    Longuement en prison la furent
    Et de confort moult petit urent.

LE CHATEAU GAILLARD.

on montre encore en face du vieux donjon des souterrains soutenus de colonnes taillées dans le roc, et où des bancs et des cellules profondément

L'une ne l'autre ni ot a ese
Mes toutes voies plus a malaise   *toutes voies* pour *toutefois*. Question étymo-
Fu la royne de Navarre.   logique.
En haut estoit et a la terre,
La contesse fu plus a val
Dont ele soufroit moins de mal,
Car ele estoit plus chaudement.
Ce fu la cause voirement,
Car la royne cause estoit
Du péchié qu'ele avoit fet,
Et la royne fere fist
A lui ce dont el se meffist,
Et porce en estoit plus punie.
Or est bien droit que l'en vous die
Comment avoit grant repentance;
Car en faisant sa péy ience
A tous son péchié coufessoit,
Ne de dire ne se cessoit
Et disoit que tout le torment
Qu'ele soufroit n'estoit noient   *noient*, néant, rien.
Selon le mal et le meffait
Dont vers le roy s'estoit meffait,
Si estoit jor et nuit en plor
En tristèce et en doulor
Ne son torment point ne plaingnoit,
Mes le plus ele complaingnoit
Que les nobles, les gentilz dames
Qui bones sont et preude fames
En seront trop plus moins prisiées
Et au royaume reprouchiées............
 . . . .
 . . . .
L'autre soufroit et enduroit
Et jor et nuit aussi ploroit,
Mes non pas si pacianment
Come la royne vraiement
Fesoit, et ne mie portant   *ne mie*, néantmoins.
Celz qui les dames visitant
Aloient, de pitié ploroient
Ne poiot tenir ne s'en pouvoient,
A leur très grant contricion
Et très pure confession.
Quant ainsi furent la menées
Et en tel point emprisounées
Le roy par le conseil qu'il eu
Comanda que prise en feu

enchassées dans cette muraille naturelle présentent tout l'aspect d'un cachot du moyen âge. Je dois avouer que les historiographes et les voyageurs n'y ont vu qu'une étable.

Destiné à n'être pris que par famine, le CHATEAU GAILLARD soutint en-

De Poitiers ou vint la contesse.
La ot il grant duel et grant presse.
Et quant la contesse le vit
Hautement s'escria et dist :
Par Dieu, oyez moi, sire roy,
Qui est qui parle contre moi.
Je di que je sus preude fame
Sanz nul crime et sanz nul diffame,
Et se nul le veut contredire,
Gentil roy, je vous requier, sire,
Que vous moiez en deffendant
Se nul ou nule demandant
Me vait chose de mauvestié   *me vait, vadit,* avance contre moi.
Mon cuer sont si pur, si haitié   *haitié,* joyeux.
Que bonement me deffendrai
Ou tel champion baillerai
Qui bien saura mon droit deffendre,
S'il vous plest a mon gage prendre.
Li royal l'un l'autre bouta,
Et le roy qui bien l'escouta
Li a dist : Dame, nous saron   *saron,* saurons.
De ce, et droit nous en feron,
Mes, par devers nous demorrez
Et droit et raison en orrez,
Adonc fu la chose ordenée
Qu'ele fu a Dourdan menée
Et la fu menée de voir,   *de voir,* vraiment.
Mes ele ot tout son estouvoir,   *estouvoir,* provision.
Boire, mengier a son plesir,
Mes ele n'ot pas le desir
De son seingnor qu'ele vouloit
Dont malement el se doloit,
A Dourdan demora dedenz
La dame une piece et ung temps
Et de ce fet le roy enquist
Tant, et le voir sut, qui la fist
Franche delivrer par sentance,
Dont l'en mena grant ioie en France,
Car partir n'en vot autrement
Que par droit et par iugement,
Si fu à Philippe rendue
Qui volentiers la reçue,
Dont encontre li touz venicent

LE CHATEAU GAILLARD.

core deux siéges mémorables, l'un de sept mois contre les Anglois commandés par le duc d'Excester en 1418, l'autre de six semaines contre les François en 1449; Charles VII vint lui-même prendre part pendant deux ou trois jours aux opérations de ce dernier siége.

Cette forteresse eut encore quelque importance dans le temps des guerres de la ligue, et ce ne fut que sous le régne de Louis XIII que le gouvernement fit consommer sa ruine pour empêcher l'usage que pouvoient en faire les troupes de partisans dont la campagne étoit souvent

  Li royaus qui joie li firent   *royaus*, seigneurs et courtisans.
  Mes ainz que fust fet cest accord
  Estoit le roy Phelippe mort,
  Si ne pot venir contre lui.
  Le roy nouviau en lieu de lui
  I vint de Navarraz Loys
  Qui n'estoit pas moult esioys
  Et por sa fame, et por son pere;
  Et convient qu'ainsi je vous faille;   *faille*, finisse.
  C'est por vous a finir le conte
  De cele qui fu fame au conte
  De Poitiers, du roy vous dirons
  Qui mourust, quand nous i serons..........
  . . . .
  . . . .

  En cel an, on mois de novembre
  Faillirent au roy tuit si membre,
  Car il trespassa et mourust
  Qu'onques nul ne le secourust;
  De sa mort en mainte maniere
  A l'en parlé ça en arriere.
  Li uns distrent, non pas des mendres   *mendres*, moindres.
  Que por la trieve prise en Flandres
  Qui ne li estoit honorable
  De duel mourust. Si ce fu fable   *de duel*, de deuil, de chagrin.
  Je ne sai, mes ce fu coulor,
  Car lors avoit moult de doulor
  Le roy, et avoir le devoit,
  Quant il le pape mort savoit,
  Et de Navarre la royne
  Prise come garce et meschine
  Et en prison emprisonnée
  A GAILLART ou el fu menée
  Dont le royaume estoit troublé............
  . . . .

infestée dans ces temps de discordes civiles. Des congrégations religieuses et des particuliers furent autorisés à y prendre des matériaux pour leurs constructions. Heureusement, ces vastes ruines offroient une carrière difficile à épuiser, et l'ombre de la fille du noble Richard continuera long-temps à protéger la colline où ses royales mains la placèrent. Long-temps le voyageur se détournera de sa route pour venir contempler le plus célèbre et le plus beau de nos monuments militaires du moyen âge, et pour y chercher quelques souvenirs du plus chevaleresque des princes, du roi troubadour.

Depuis une quarantaine d'années, le CHATEAU GAILLARD n'est pas tout-à-fait sans habitants. Après trois siècles de veuvage, il a prêté encore une fois l'abri de ses voûtes redoutables à une créature humaine. Dans le souterrain même où il paroît que Richard avoit fait creuser sa chapelle, et qui vit peut-être se prosterner sur ses humbles parvis l'élite des chevaliers aventureux de la Palestine, s'est réfugiée une femme aujourd'hui octogénaire, remarquable par sa taille colossale, son insouciante patience, et un caractère bizarre de physionomie, de langage et de mœurs, qui rappelle quelques unes des créations les plus originales de sir Walter Scott. Les vieillards du pays, accoutumés à la voir toujours semblable à ce qu'elle devoit être il y a quarante ans, car elle n'annonce pas beaucoup davantage, ont fini par identifier son existence avec celle des ruines et de la caverne qu'elle habite, et on l'appelle dans les environs la mère GAILLARD, comme si elle étoit quelque patrone mystérieuse ou quelque fée tutélaire du château. Elle ne se connoît plus d'ailleurs d'autre asile que ces débris, d'autre patrie que ces solitudes, et si elle parle quelquefois de ses enfants, c'est avec l'apathie d'une longévité prolongée au-delà de toutes les bornes, et qui a vu passer beaucoup de générations sans les compter. Le seul événement qui ait paru lui faire impression dans ces vingt dernières années, c'est la mort d'un autre ermite qui s'étoit logé un peu plus loin dans un autre crypte de la montagne, et dont on déposa le cercueil précisément devant sa porte, parceque les fossoyeurs qui l'enlevoient, effrayés par l'exiguité du sentier, hésitèrent un moment à passer. Les méditations des philosophes ne se sont peut-être jamais arrêtées sur un sujet plus fécond en rapprochements singuliers que la destinée de cette mendiante qui a hérité des superbes forteresses de Richard-Cœur-de-Lion, qui voit tous les jours lui ramener son pain à travers le fossé des *affamés*, et qui coule une vieillesse indépendante et sans trouble au pied du cachot mortuaire d'une jeune et belle princesse.

Ruines du Château Gaillard côté de l'ouest

Ruines du Chateau Gaillard.
Vue du coté de la Seine.

Ruines du Château Gaillard côté du Nord.

Crypte du Chereau Gaillard

Souterrains du Château Gaillard.

Les Andelys.

Les Andelis sont placés sur la rive droite de la Seine au sud-ouest de Rouen. La ville du Grand Andeli, située à un mille environ du bourg le plus voisin du fleuve, mérite seulement l'attention des antiquaires. Le Petit Andeli placé au-dessous d'un monument admirable, le château Gaillard, n'a point de monuments qui lui soient propres.

La première illustration de cette ville remonte aux âges les plus reculés de la monarchie. C'est en 511 que sainte Clotilde, femme de Clovis, y fonda un couvent célèbre que Bède cite à côté des fameuses abbayes de Chelles et de Faremoutier. Une tradition naïve rapporte que durant la construction de la principale église, la sainte, vivement touchée de la fatigue et de l'épuisement des ouvriers qui élevoient un temple au Seigneur sous son invocation, obtint du ciel par ses prières que l'eau d'une fontaine qui coule encore près de là, contractât pour eux seuls la force vivifiante et le goût agréable du vin. Rabelais si familier avec tous les souvenirs, et si accoutumé à se jouer de toutes les croyances, paroît avoir eu cette historiette en vue dans le récit des transformations à volonté de l'eau de *la Dive Bouteille*.

L'abbaye de Sainte-Clotilde subsistoit encore en 884. Elle fut détruite lors de l'irruption des Normands; puis, rebâtie comme collégiale, elle subit diverses réformes sous Eudes Clément en 1245, et sous l'archevêque de Harlay en 1634. L'église est une des plus remarquables de la province par la conservation et la beauté de ses vitraux. Le portail principal offre un exemple intéressant de ces doubles rangées de colonnes à jour qui soutiennent les larges ornements de l'ogive; et la porte latérale du nord, élevée sans doute à la fin du seizième siècle, est un modèle des proportions de l'époque de la RENAISSANCE.

L'histoire des ANDELIS rappelle long-temps les souvenirs les plus chevaleresques. C'est un des principaux théâtres des exploits de Philippe-Auguste et de Richard-Cœur-de-Lion; mais tous les événements mémorables de cette grande époque se rattachent aux annales tragiques du château Gaillard. Des gloires heureusement plus pacifiques immortalisèrent cette agréable contrée, et ramèneront souvent le voyageur dans ses fraîches vallées pour leur demander de plus doux souvenirs. Henri d'Andeli, l'ingénieux auteur du *Lai d'Aristote*[1], compte peu de rivaux parmi les Trouvères, et la tradition de ce genre de poésie aimable et gracieux s'est perpétuée de nos jours jusqu'à Beuselin, le dernier Trouvère du Vexin. On montre au GRAND ANDELI la maison où Thomas Corneille, fatigué du tumulte de Paris, vint mourir; et quoique Thomas Corneille ne mérite pas ce culte du génie que son frère obtiendra de tous les siècles, il n'est point de siècle qui ne puisse se glorifier d'avoir produit un tel homme, et point de terre qui ne s'enorgueillisse d'avoir reçu sa noble dépouille. Adrien Turnèbe s'appeloit *Tournebu*, du nom d'un village

---

(1) Cette délicieuse composition a été souvent imitée, mais on peut douter qu'on la surpasse. Quelle grace dans ce sixain :

> Enfant j'étois et jeunette
> Quant à l'école on me mist.
> Mais la je n'ay rien appris
> Hors un seul mot d'amourette,
> Et nuit et jour le répete
> Depuis qu'ai un bel ami.

situé à deux lieues d'ANDELI. Son nom classique a prévalu sur son nom propre, comme celui d'Homère dont ce savant typographe a peut-être été l'intermédiaire le plus pur[1]. Mais toutes ces renommées pâlissent devant celle qui doit illustrer à jamais le modeste coteau du hameau de Villers, et qui fait palpiter le cœur au nom du *Clos Poussin*. C'est sur le revers de la montagne, c'est près de ce petit bois qu'est né le Poussin, dans une chaumière dont il ne reste plus de vestiges, le 15 juin 1593. Son génie s'est inspiré de ce ciel, et de ces bois, et de ces eaux. Il y a quelque chose de lui dans la lumière qui nous y éclaire et dans l'air que nous y respirons. Pourquoi une pierre modeste, qui auroit peu coûté à la munificence de l'autorité, n'a-t-elle pas encore rappelé aux passants l'enceinte abandonnée d'où ce génie s'est élancé vers une gloire immortelle? Il auroit suffi d'y tracer la simple épitaphe du berger arcadien : *Moi aussi, j'ai gardé des troupeaux sur cette colline!*

La jeunesse de Poussin fut ce qu'est ordinairement celle des grands hommes, un temps d'épreuves et d'humiliations. Son père étoit pauvre, et sa pauvreté avoit une noble source; elle résultoit de sa fidélité au parti d'Henri IV; mais les satisfactions intérieures de la conscience ne sont pas des titres infaillibles aux faveurs de la destinée. Heureusement, ce respectable homme avoit un ami dont il faut conserver le nom : il s'appeloit Varin, et il étoit peintre comme on l'est dans un hameau, sans maître, sans inspirations, sans modèles. Cependant Varin a laissé bien loin derrière lui tous les artistes françois de la même époque. Il a créé le Poussin, et eût-il été un grand peintre, le Poussin seroit encore son plus bel ouvrage. Il n'y a personne qui ne sache plus de gré à Malherbe même d'a-

---

[1] Il a donné, comme directeur de la typographie royale, une excellente édition de l'*Iliade* et des *Fragments*. On doute que l'*Odyssée* ait été imprimée. Voyez le *Catalogue d'un amateur*, par le savant M. Renouard, et l'inappréciable *Manuel* de M. Brunet. Henri Estienne a fait de Turnèbe cet admirable éloge qu'on a depuis appliqué à Molière, et qui ne sied qu'au génie :

Hic placuit cunctis quod sibi non placuit.

voir révélé une muse à La Fontaine, que de l'*Ode à* Louis XIII et de la *Consolation à* Du Périer.

On raconte qu'un gentilhomme du Poitou, qui aimoit à protéger les jeunes talents, reçut Poussin chez lui, l'encouragea, lui fit copier des estampes de Raphaël dont il rendit le sentiment avec une exactitude admirable. Quelle découverte pour le Poussin qu'une composition de Raphaël! Jamais la sympathie qui unit pour toujours deux ames destinées à s'aimer n'a dû s'annoncer par une plus vive effusion de joie, par une satisfaction plus accomplie! Le talent persécuté par la fortune n'est peut-être pas aussi malheureux qu'on se l'imagine, une fois qu'il s'est compris lui-même. Je suppose qu'il participe dès-lors par une communication merveilleuse à tout ce qu'il y a de plus élevé dans les grandes organisations humaines, et qu'il contracte dans ce monde supérieur des alliances qui le dédommagent de l'ignorant dédain du vulgaire. Le Poussin dans sa misère dut penser à ce peintre prisonnier qui confioit ses conceptions aux murailles de son cachot. Combien de peintres malheureux comme lui se rappelleront avec quelque orgueil que le Poussin a préludé à sa renommée en traçant ses dessins avec un charbon sur les frêles cloisons d'une chaumière!

Les souvenirs de la gloire ne sont pas rares en France; mais de toutes les illustrations, il n'y en a point de plus commune en tout pays que celle du malheur. La place du Grand Andeli a vu tomber sous Louis XI, en 1458, la tête de Charles de Melun, gouverneur de Paris et de la Bastille. Interrogée par la torture, suivant l'expression d'un poëte, la douleur répondit. Charles de Melun se déclara coupable de *crime d'état.*

On ne sait pas s'ils luttèrent contre ce mode affreux d'interrogatoire qu'une ironie infernale avoit appelé *la question*, ces infortunés Jacques Turgis, Robert Talbot et Charles Le Brasseur, qu'une fausse accusation d'assassinat conduisit à la roue en 1625. Ils furent exécutés sur la même place que le gouverneur de Paris, mais pour un crime que tous les peuples ont en horreur, et en prenant tous leurs saints patrons à témoin de leur innocence. Ce jugement, rendu sous le règne de Louis-le-Juste, fut cassé deux ans après. C'étoit trop tard, sans doute, mais de pareils malheurs étoient peut-être l'inconvénient inévitable du respect religieux de nos rois pour les institutions. Leur justice laissoit un paisible cours à l'exercice de tous les pouvoirs sociaux, et tous les pouvoirs sont sujets à l'erreur. Le défaut de publicité des actes judiciaires les plus importants en déroboit long-temps d'ailleurs l'objet et le résultat à la révision définitive de l'opinion publique. L'instruction portée de nouveau devant un tribunal supérieur jeta le jour le plus éclatant sur l'horrible méprise dont ces infortunés avoient été victimes, et leurs corps exhumés avec honneur furent transportés, le 24 avril 1628, dans la cathédrale de Rouen, où ils reposent à l'aile gauche de la nef, devant la chapelle des Martyrs innocents. Ces lentes réparations de l'iniquité ne consolent que la morale; elles sont malheureusement insuffisantes pour des restes mutilés qui ne reprendront de vie que dans le sein du juge infaillible. Heureuse l'éloquence tutélaire d'un Dupaty quand elle peut éclairer la piété royale sur de pareils sacrifices avant leur consommation, et rendre à la société l'innocent condamné que la prévention livroit au bourreau!

Il y a quelques années que le GRAND ANDELI contenoit encore les ruines d'un des monuments les plus précieux de l'ancienne France. Les arts, qui portent si souvent à la postérité des noms qu'elle s'étonne d'apprendre, ont laissé dans l'oubli les fondateurs de ce palais. Tout ce qu'on en sait, c'est qu'il reçut en 1562, les derniers soupirs d'Antoine de Bourbon, blessé d'un coup de mousquet au siége de Rouen. Si le corps du père de Henri IV n'avoit pas obtenu d'autre asile, maintenant son tombeau serviroit d'auge aux animaux domestiques.

Le plan de cet édifice, que les habitants ne connoissoient que sous le nom de la *Grande Maison*, formoit un carré imparfait d'un de ses côtés, ou, si l'on veut, se composoit de deux ailes perpendiculaires sur un corps principal de la même longueur que chacune d'elles. Depuis long-temps les parties du nord et du levant étoient détruites, mais l'aile du couchant donnoit une idée très complète de l'édifice, et cette idée est peut-être au-dessus de tout ce que nos nombreux voyages nous ont montré de plus gracieux et de plus délicat en exécution de sculpture et d'ornements, à cette époque de la RENAISSANCE. La grande corniche qui soutenoit le toit et où couroit un large feuillage fouillé avec une hardiesse et une élégance incomparables, et le cul-de-lampe de la croisée orientale placée à la galerie principale de l'édifice, chefs-d'œuvre d'un siècle ingénieux qui inventoit en quelque sorte les arts si long-temps oubliés, feroient envie à nos jours de perfectionnement. Le portail du centre étoit formé par un arc que les Anglois nomment *à la Tudor*, enrichi de profondes moulures, et surmonté d'une belle ogive. Les Anglois, auxquels nous sommes obligés d'emprunter quelquefois des expressions, parcequ'ils s'occupent beaucoup plus que nous des superbes antiquités du moyen âge, savent apprécier beaucoup mieux que nous des richesses inconnues ou méprisées dans notre vieille France[1]; et ces trésors qui auroient coûté autrefois des conquêtes à leurs armes vont enrichir leur territoire sans que la voix d'un François les réclame! O douleur!... une civilisation qui a le droit de se croire plus avancée que la nôtre lève sur nous ces tributs faciles au nom d'une supériorité plus humiliante que celle de la victoire! C'est la poudre d'or, ce sont les semences précieuses, les riches fourrures du sauvage achetées au prix d'un fer de hache ou d'une poignée de clous. C'est l'ascendant du savoir sur l'ignorance; et nous le subissons.

Quand nous arrivâmes pour la première fois au GRAND ANDELI, on travailloit à la destruction de la *Grande Maison*. Les portes de la rue étoient closes, et il fallut nous introduire d'assaut au milieu des ouvriers qui brisoient à coups de marteau ces murailles muettes pour une génération dégradée qui ne voit derrière tout cela que des pierres de construction. Après avoir dévoré quelques larmes de rage, nous nous empressâmes de dresser nos chaises et nos tables parmi les échelles des maçons, et de dessiner à la hâte la frise charmante ou l'ornement gracieux qui alloit disparoître avant que le fer barbare y fût parvenu. En nous rappelant alors que nous n'étions qu'à une vingtaine de lieues de Paris, et que dans des

(1) Voyez sur ce monument le *Voyage* de Turner.

contrées presque sauvages, où l'on ignore jusqu'au nom de cette capitale du monde, à Spalato, à Trau, à Macarsca, nous avions vu des restes de l'antiquité conservés avec un respect religieux, nous éprouvâmes un mouvement de dépit qui n'étoit pas tout à l'avantage de notre temps et de notre nation. « Qui me donnera les antiquités des Gaules ! » s'écrioit il y a long-temps le savant Caylus. « De la manière dont on procède en France, « nous n'aurons bientôt plus d'autres monuments. » Que diroit-il aujourd'hui ?

Un joli manoir du GRAND ANDELI, qui a échappé aux yeux scrutateurs de nos voisins d'outre-mer, et qui se recommande sur-tout par une cheminée élégamment enrichie de rinceaux et d'arabesques du meilleur goût, a survécu au monument qui avoit été fondé pour des siècles. Cela est facile à comprendre. Il appartient à d'honnêtes gens qui l'ont reçu de leurs pères, et il est de bois.

Cheminée de l'Auberge de la Fleur de Lys
au grand Andeli

Façade de l'Église de Ste Clothilde

Portail latéral de l'Église de S.ᵗ Clothilde, côté du nord

Coupe de la partie centrale de la Salle principale du Conservatoire

La grande Maison aux Antilgs

Détails de la Grand' maison en Ardilly.

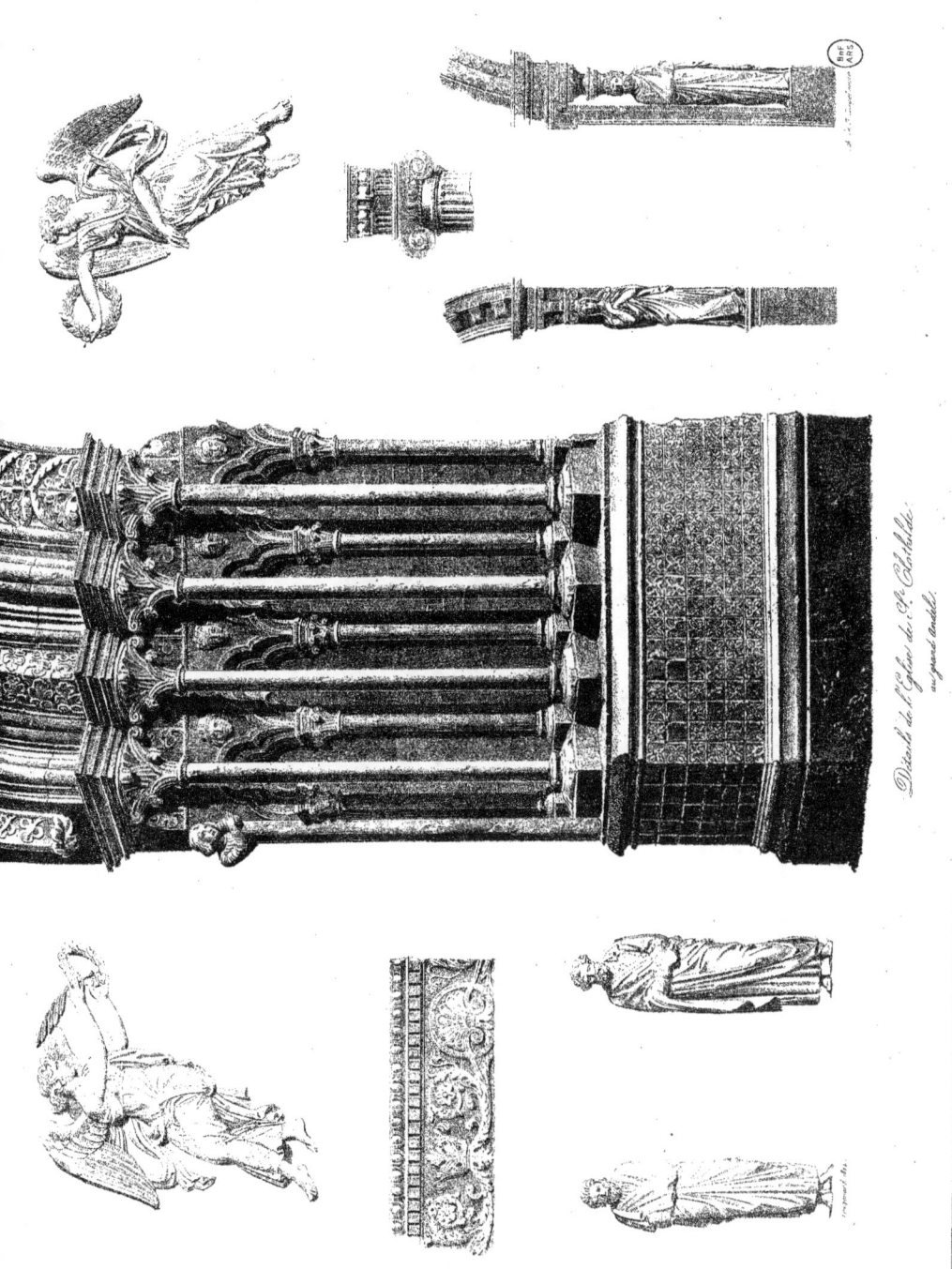

Gisors.

Cette ancienne capitale du Vexin normand et du Vexin françois, qui furent si souvent séparés, est située sur la rive droite de l'Epte, aux frontières de l'ancienne France et de l'ancienne Normandie. Elle fut un des théâtres importants de l'histoire du moyen âge.

Le sauvage dont parle Montaigne[1] auroit envié le privilége des comtes du Vexin, qui portoient l'oriflamme devant les rois de France. Ils marchoient les premiers à la guerre.

Le plus ancien des comtes du Vexin est Gauthier, fils de Clotaire et Hildegarde, vers 965. En 1075, Godefroy fut le premier seigneur qui prit le nom de Gisors. Ce pays devint ensuite fief de Saint-Denis, et puis passa successivement au pouvoir des ducs de Normandie, des rois d'Angleterre, et des rois de France.

Les chroniqueurs d'une époque où il ne pouvoit pas y avoir d'unité dans l'histoire, parcequ'il n'existe point de bonne critique historique sans

---

(1) Essais, liv. I, chap. 30.

publicité, ne sont pas d'accord sur l'époque positive de la fondation du fameux château de GISORS. L'opinion la plus probable est que Guillaume-le-Roux le fit bâtir de 1088 à 1097, par Robert de Bellesme; et si quelques autres dates sont justifiées par des traditions difficiles à combattre, c'est qu'elles se rapportent, suivant toute apparence, à la reprise ou à la continuation des travaux.

Ce château, le premier boulevard des Normands, fut nécessairement un fréquent sujet de guerres obstinées et sanglantes. Les historiens rapportent que Louis VI, dit le Gros, ayant sommé le roi d'Angleterre de faire raser cette forteresse, et le monarque anglois faussant déloyalement la parole qu'il en avoit donnée, le roi de France l'appela en duel. Cette anecdote du moyen âge rappelle les temps héroïques, à une circonstance près. Le roi d'Angleterre ne crut pas devoir accepter la proposition.

C'est dans le château de GISORS que Henri Ier, roi d'Angleterre, reçut, en l'année 1119, le pape Calixte II qui venoit le visiter comme un ange de paix, et dont le pontificat tutélaire ne rappelle que de pareils souvenirs. Le chef de l'Église parcouroit une partie de l'Europe chrétienne, pour cimenter la concorde entre deux rois chrétiens, et pour obtenir de Henri qu'il rendît à son frère Robert le duché de Normandie, dont il s'étoit injustement emparé, et la liberté qu'il lui avoit ravie. Henri le reçut avec une grande munificence, et fit briller sous ses yeux tout le luxe de sa cour, celui même que des voyageurs venus de Rome n'auroient pas cru trouver dans des terres assez récemment conquises par les gens du Nord. Ces barbares s'étoient initiés de bonne heure aux sciences et aux arts d'une société qui commençoit à renaître de ses ruines; et un historien rapporte qu'on présenta au pape deux jeunes seigneurs, enfants du comte de Meulan, qui proposèrent aux cardinaux des thèses d'une dialectique assez pressante, des raisonnements d'un tour assez ingénieux, pour que ceux-ci eussent peine à comprendre de pareils développements dans une civilisation si nouvelle. Après avoir rétabli l'union entre ces rois, dont les différents avoient éveillé sa sollicitude paternelle, Calixte retourna dans sa capitale, où il fut reçu aux acclamations unanimes des

Grecs, des Latins, et même des Juifs; car on auroit cru de son temps qu'il n'y avoit qu'une religion parmi les hommes; et il y mourut, en 1124, aimé de Dieu et du peuple. Cependant les semences de paix qu'il avoit confiées à une terre ingrate ne produisirent que des fruits éphémères. La convention des rois de France et d'Angleterre fut rompue quelques années après, par une conspiration des seigneurs des deux Vexins, réunis pour rendre ces contrées à la domination françoise. C'étoit à l'époque même de la mort du saint pontife; et, comme si en retournant aux cieux son ame avoit délié les serments de la terre, la ville et le château de Gisors devoient être surpris un lundi, jour de marché, du mois de novembre 1124. La maison de Thibaut, seigneur de plusieurs fiefs, avoit été choisie pour le lieu du rendez-vous, parcequ'elle étoit plus voisine des fortifications du château; et Robert de Chandos, gouverneur pour le roi d'Angleterre, y étoit invité à une fête où l'attendoit la mort. L'histoire, si fidèle de tous les temps aux superstitions poétiques, a renouvelé pour la femme de Robert de Chandos la scène touchante des pressentiments de la femme de César; mais Isabel fut plus heureuse que Calpurnie: Robert ne se rendit pas au festin, et l'impatience de Baudry, le dernier venu des conjurés, qui voulut précipiter l'exécution du complot, en fit perdre le résultat. Chandos put prévenir Henri qui étoit à Pontaudemer, et les François repoussés comptèrent un succès de moins. Ils en doivent tant au courage, que nous pouvons renoncer sans regrets à ceux de l'artifice et de la déloyauté. C'est un genre d'avantages qu'il est doux de laisser à ses ennemis.

A l'entrée de Gisors, du côté de Beauvais, et non loin des bords de l'Epte, s'élevoit un orme fameux dans les annales du comté, sous le nom d'*Ormeteau ferré*. Le grand Orme de Gisors étoit consacré par des entrevues solennelles où la paix et la guerre avoient été vingt fois agitées et suspendues entre les principales puissances de l'Europe. Son feuillage avoit servi de pavillon aux rois, et de dais aux confesseurs et aux pontifes. Calixte et Innocent avoient oublié sous son ombrage les soucis de la tiare et les pompes de Rome. Saint Bernard y avoit rêvé à ses solitudes. Saint Thomas de Cantorbéry s'y étoit préparé au martyre. Guillaume, archevêque de Tyr, y prêcha la croisade[1]; et c'est là que son éloquence entraîna dans la guerre de la foi Philippe-Auguste et Philippe de Flandre. Ce jour-là, disent les chroniques, une croix tout éclatante de lumière apparut dans le ciel, comme pour confirmer par un témoignage divin les paroles inspirées du saint prélat. Le champ de la conférence fut nommé le *Champ sacré*. Chez les anciens, interdit au pâturage et à la charrue, il auroit long-temps conservé ce nom; les peuples y auroient célébré des jeux; les princes y auroient envoyé des hommages; un nouveau Pausanias, un nouvel Anacharsis, un autre Châteaubriand seroit venu reconnoître avec un respect pieux son enceinte poétique; et, jusqu'à nos jours, l'imagination enchantée chercheroit encore, dans le ciel si pur et si doux qui embrasse les riants coteaux de Trie, le mystérieux *labarum* des croisés; mais il n'en est pas ainsi pour une nation élevée dans la religion littéraire des prêtresses et des augures; nous recueillerons avec enthousiasme les débris d'une patère qui a servi aux sacrifices des païens, les linéaments illisibles de l'inscription d'une borne romaine ou d'une monnoie impériale; nous avons même pour cela des journaux et des académies. Ne nous demandez pas d'autres souvenirs.

Le *Champ sacré* avoit vu marcher à la conquête du tombeau de Jésus-Christ trois peuples unanimes, distingués seulement par des couleurs;

[1] Un des éditeurs de l'intéressante collection des *Mémoires relatifs à l'Histoire de France* a judicieusement supposé que ce Guillaume de Tyr devoit être l'historiographe de ce nom. Comme on n'a guère connu d'autre Guillaume de Tyr, cette hypothèse doit paroître très satisfaisante aux philologues. Les ouvrages du genre de celui de Guillaume de Tyr ont conservé un grand intérêt pour les amateurs respectueux des vénérables antiquités. Les lecteurs beaucoup plus nombreux qui cherchent dans un livre le mérite de l'élégance et du goût joint à celui de l'exactitude, et qui aiment à voir la naïve simplicité des chroniques enrichie d'ornements brillants, mais toujours naturels, trouveront tous ces avantages réunis dans l'admirable *Histoire des Croisades* de M. Michaud, un des monuments littéraires les plus remarquables de notre époque.

GISORS.

les chevaliers françois portoient la croix rouge, les Anglois la croix blanche, et les Flamands la croix verte. Mais l'Orme de GISORS, qui avoit présidé à tant de négociations pacifiques et d'alliances légitimes, devoit aussi être le témoin et quelquefois l'objet de sanglantes batailles. Palladium du moyen âge, entouré de respects par les guerriers qu'il avoit protégés, et d'embûches par les vaincus, il étoit devenu un de ces signes éclatants d'honneur national auxquels on ne touche jamais impunément en France, et que le courage défend long-temps contre le courage. Heureuse la France, si quelque vertu plus modeste et plus facile les avoit aussi défendus contre la barbarie présomptueuse des âges éclairés! Le fer du bûcheron a fini d'extirper en un jour les racines de l'arbre historique dont le tronc avoit déjà été inutilement protégé par la vaillante épée de Richard. Écoutons sur cet événement mémorable le témoignage des chroniques : « Après que le roy d'Angleterre eust ap-
« pris que les François viendroient couper l'orme, il le fist aussitôt
« guarantir de bandes de fer tout autour, et le lendemain les François
« s'armerent et formerent un corps de cinq escadrons, lesquels estoient
« commandés par cinq seigneurs; c'est à sçavoir: monseigneur le comte
« de Sancerre, monseigneur le comte de Chartres, monseigneur le comte
« de Vendôme, monseigneur le comte de Nevers, et messire Guillaume
« Le Barrois, et s'approcherent tous dudict orme de GISORS. Il y avoit
« aussi des arbalaitriers et des charpentiers avec haches et marteaux,
« lesquels durent arracher les bandes de fer dudict orme, et le cou-
« perent environ l'an 1188. Le roy Richard dict le Cœur-de-Lion s'y
« porta vaillamment, et il y eust force tuez et navrez. Guillaume Le
« Barrois resta maître du champ de bataille, et Guilelmus Brito l'en a
« loué en vers[1]. »

Il est sans doute inutile de faire remarquer ce qu'il y a de noble et de simple dans ce récit d'une rencontre fameuse, où l'historien distribue

---

(1) Il est aussi question de cette bataille de l'Orme dans le vieil historien Mathieu Paris, *circà* 1170.

naïvement les éloges en commençant par l'ennemi. La théorie de l'égalité légale n'étoit pas connue dans cet âge de loyauté où messire Guillaume Le Barrois obtenoit les honneurs d'une mention immortelle parmi cinq chevaliers ses égaux en courage, ses supérieurs en noblesse, qui appartenoient à tout ce que la France pouvoit citer de plus élevé en naissance et en gloire acquise. Que de discours, que de lois à faire pour arriver à un pareil résultat, s'il est possible d'y arriver par des lois et par des discours, quand le caractère d'une nation s'y refuse! Le vieux temps, si généralement, et sans doute si justement méprisé, avoit du moins cela de bon qu'il contenoit dans les mœurs presque toutes les idées que nous nous efforçons de faire passer dans les institutions. Des roturiers aussi furent cités avec honneur dans le combat des Trente, quoique ce fût une affaire de chevaliers à chevaliers. Il est permis de se rappeler le Chêne de Ploërmel auprès de l'Orme de Gisors.

La position du château de Gisors devoit le livrer aux armes de Philippe-Auguste, dès que l'Angleterre seroit distraite de ses intérêts du continent par des troubles intérieurs ou des expéditions lointaines. Le roi de France s'en empara pendant que son cousin Richard-Cœur-de-Lion cueilloit d'autres palmes dans la Terre-Sainte; mais ces héros, disent les vieux poëtes, se trouvoient rarement voisins sans fournir de la pâture aux vautours. La bataille de Courcelles, donnée en 1178, dans un village de ce nom à peu de distance de Gisors, faillit borner avant le temps la glorieuse carrière d'un de nos rois les plus chevaleresques. Philippe, enveloppé dans la mêlée par un gros d'ennemis, et déjà prisonnier pour le reste des combattants, parvint à s'ouvrir dans les rangs qui le pressoient un passage avec son épée, et se jeta dans Gisors de toute la vitesse de son cheval. Ses hommes d'armes se précipitèrent à sa suite dans un tel désordre et avec une telle impétuosité, que le pont de bois qui traversoit l'Epte s'écroula sous le poids de ces cavaliers chargés de lourdes armures, au moment où le roi achevoit de le franchir. Son cheval le tira à la nage de ce nouveau péril, et le rendit au rivage, sain, sauf, et invaincu. On dit que dans ce danger il avoit imploré la Vierge, dont l'image étoit placée sur la porte de la ville, et qu'en mémoire de sa délivrance il fit dorer cette porte dans toute sa hauteur. Elle a conservé jusqu'à nous le nom de *Porte dorée*.

Près de Gisors sont encore les ruines d'un château célèbre dans les guerres civiles de la province. Neaufle reçut dans son enceinte deux reines du nom de Blanche, douairières de France[1]. Blanche d'Évreux, veuve de Philippe de Valois, dame de Gisors et de Neaufle, y mourut le 5 octobre 1398. Ce petit nombre de maisons éparses appartenoient alors à une ville. Ces débris étoient un palais. Il n'en reste plus qu'une tour qui se dessine sur l'horizon au-dessus d'un vaste rideau de collines boisées, et dont l'existence est une espèce de phénomène, tant la masse de l'édifice surplombe de toutes parts sur ses bases caduques. Bientôt ce dernier témoin d'une longue histoire jonchera les ronces qui l'entourent de vestiges sans formes et sans nom, et le voyageur les foulera sans les connoître, jusqu'à ce que d'autres ronces viennent les couvrir à leur tour.

Le peuple est persuadé qu'un souterrain conduisoit du château de Neaufle à celui de Gisors, et communiquoit avec la *tour du prisonnier*. Cette tour, le donjon, et une partie des murailles de la forteresse, ont subsisté jusqu'à nos jours. La *tour du prisonnier* n'a pas même perdu les traditions singulières qui la recommandent depuis près de trois siècles à l'intérêt des ames tendres et à la curiosité des artistes. La sollicitude du sage administrateur qui veille à la conservation de ce monument doublement important, donne lieu d'espérer que, préservé désormais de la cupidité des faux savants qui mutilent pour posséder, et de la barbarie des Iconoclastes et des vandales, il pourra fournir long-temps d'utiles sujets d'observation à l'archéologue, de piquantes études au peintre, et de touchantes inspirations au poëte et au romancier.

Qui n'a pas entendu parler à Gisors de ce proscrit sans nom que des

---

(1) Ce nom étant en quelque sorte générique pour les douairières de France, il est difficile de rien fonder de positif sur les traditions qui s'y rapportent.

raisons d'état oubliées par l'histoire, par l'amour, par l'amitié même, et, ce qui est plus surprenant, par cette avide impatience de savoir et de répéter qui nous est particulière, plongèrent vivant dans le tombeau qu'on appelle encore la *tour du prisonnier?* Plus malheureux que l'*Homme au masque de fer*, cet infortuné n'a pas même usé du privilège facile de confier son secret à un chiffre, l'époque de sa captivité à un chronogramme, le sujet de ses malheurs à un emblème : et cependant il a pu perpétuer sa mémoire dans des bas-reliefs qui dureront autant que ces murailles, et dont les sujets chevaleresques ou religieux, exécutés, dit-on, avec un clou, décorent tous les contours de l'enceinte arrondie où les rayons du soleil, descendus de deux embrasures voisines, lui ont permis de suivre d'un œil sûr les progrès de son travail. Il savoit toutefois écrire, car il a tracé une invocation à la Vierge, à l'autre extrémité du diamètre de sa *tour*, et c'est là seulement qu'il a laissé peut-être une partie de son nom[1]. Plus soigneux de son salut dans le ciel que de sa renommée dans l'histoire, et de l'avenir que du temps, il se cherchoit une protection immortelle au-delà de cette vie d'épreuve et de douleurs que le monde lui avoit fait subir. Il est probable que cette place étoit celle qu'il avoit choisie pour le repos du soir, qu'elle lui rappeloit au commencement et à la fin du jour le besoin de la prière, et, si j'en ai bien jugé, elle lui étoit d'autant plus agréable qu'elle voyoit le soleil naissant éclairer devant lui ses ouvrages commencés.

On arrive à la *tour du prisonnier* par un pont très étroit, jeté sur les fossés profonds du château. Cette partie des fortifications est maintenant occupée par de jolis jardins, et des mains industrieuses ont fait jaillir de ce théâtre des embûches guerrières, des arbrisseaux et des fleurs. Le vent qui s'empare de leurs semences, et qui les promène dans la campagne, est allé planter des bouquets jusque sur le front des vieux créneaux. J'en ai cueilli dans les entailles mêmes qui servirent à l'évasion du prisonnier, quand il s'ouvrit un passage dont nous avons reconnu la

---

[1] *O mater Dei miserere mei Pontani.*

trace. On dit qu'il tomba sur le rocher, qu'il faillit mourir, et qu'on le reporta dans son cachot pour mourir. Voilà tout ce que la tradition a conservé de lui.

On oseroit à peine dans ce siècle positif, où c'est presque une honte d'appliquer à des sentiments anciens des sciences nouvelles, lier d'autres harmonies à ce souvenir. C'est tout-à-fait sans intention que nous raconterions le hasard trois fois renouvelé qui nous a fait trouver aux recoins profonds d'un petit bas-relief de la résurrection et du jugement, un papillon vivant, emblème merveilleux de ce mystère, l'*Io*, l'*Isis*, le *Paon de jour*, venant d'éclore dans un lieu où il semble qu'aucune chenille ne peut parvenir, et à cette époque de l'année où la prison fragile des papillons n'est pas moins inviolable que celle des chevaliers. C'est ainsi que nous avions vu l'*Apollon* des Alpes affectionner les solitudes de Rousseau, et que nous avons découvert avec quelque effroi le *Ténébrion qui présage la mort*[1] dans les cryptes de sainte Marthe, et près du second tombeau de Lazare.

Quoi qu'il en soit de l'origine et de la vie de cet infortuné, quoi qu'il en soit de la cause et de la fin de ses malheurs, on convient qu'il avoit quelque connoissance des arts, et que les consolations de sa longue captivité pouvoient lui rappeler les études d'une enfance plus douce, les inspirations d'une jeunesse appelée à d'autres destinées. Le bruit le plus répandu en fait un poëte satirique, mais un poëte auroit écrit. Ce n'étoit pas même un peintre satirique. Le choix de ses sujets l'auroit révélé. Ils sont presque tous, comme je viens de le dire, empruntés aux croyances chrétiennes et aux mœurs nationales. Il n'y a du moins aucune espèce de doute sur l'époque de sa longue captivité. Ses travaux sont des dates et des médailles. Ils ont le caractère d'un âge particulier, et ils sont propres à en éclairer l'histoire. C'étoit entre le règne de Louis XII et celui de Henri III que la sculpture chrétienne ornoit les églises de ces compositions bizarres que le goût le plus sévère étudie encore avec intérêt,

---

[1] *Blaps mortisaga*.

même depuis qu'il ne les imite plus. Leur exécution porte le sceau d'une école; les ajustements y portent sur-tout l'indication d'une époque, et dans le seul intérêt de ce souvenir, la *tour du prisonnier*, si souvent menacée, est un des monuments les plus curieux de l'ancienne France. Osons espérer qu'elle ne périra pas dans nos jours d'insouciance; quelques motifs du moins nous permettent de le croire. C'est là, c'est heureusement là que la ville a placé ses archives, et ces pierres valent si peu!.....

Les curieux cherchent encore aux environs de GISORS les ruines d'un ancien château qui faisoit partie de ceux dont se couvroit la ligne de l'Epte, et qui a reçu de la tradition le nom de la reine Blanche, à-peu-près comme les vieilles chaussées des Romains et les enceintes presque effacées de leurs camps ont gardé celui de César. Dans les temps de civilisation avancée, les grandes rivières ou les mers servent seules de frontières aux empires; chez des peuples encore incertains de leurs forces, et dont l'état politique ne peut être fixé que par le temps, les moindres délimitations naturelles contiennent pendant des siècles des prétentions rivales, et c'est ainsi que la France et l'Angleterre ont été séparées de la Normandie et de l'Écosse par le foible intervalle de quelques ruisseaux qui ne doivent le privilége d'un souvenir dans la géographie qu'à leur vieille renommée historique. Cependant la savante combinaison des lignes fortifiées du Vexin normand, et la disposition des sept châteaux de la forêt de Lions, prouvent que l'art de l'attaque et de la défense n'étoit pas moins connu de cet âge reculé que du nôtre. La première chose que les hommes apprennent dans tous les pays, c'est le talent de se nuire par de cruelles embûches, et la nécessité de s'en préserver par des précautions plus insidieuses encore. La tour de la reine Blanche a, dit-on, servi souvent de refuge à cette princesse, au milieu des guerres qui désoloient cette province. Cette tradition, toute vague qu'elle est, jette un peu d'intérêt et de poésie sur ces fortifications délabrées. Il y a quelque chose de plus universel encore dans nos sentiments que le culte de la gloire; c'est l'émotion qu'inspirent les touchants malheurs de la foiblesse et de la beauté. La tour de la reine Blanche s'élevoit près de la cascade de Bezun dont nous avions admiré naguère la chute pittoresque, et qui prêtoit à ce tableau une autre espèce d'enchantement. L'industrie qui précipite les progrès de la société, quelquefois aux dépens mêmes de la nature, s'est emparée du cours de ces eaux dont les accidents charmoient les regards des voyageurs, et les a détournées dans un but d'utilité très louable, de celui qu'elles cherchoient depuis le commencement des siècles. Elles avoient vu s'élever la forteresse voisine, à la place peut-être de vingt forteresses oubliées; du palais de quelque autre reine dont le nom n'a pas été conservé par l'histoire; de la chaumière rustique où une pauvre famille coula long-temps des jours plus ignorés, sans prévoir les sanglants débats qui devoient rougir ses champs paisibles, sans deviner que de lourdes murailles péseroient un jour sur le modeste enclos, que des guerriers seroient couchés dans leurs habits de fer sur la fosse des pasteurs! Les ruines de la vieille tour subsistent encore, et la cascade est tarie. Par une exception bien rare, l'ouvrage de l'homme s'est conservé, l'ouvrage de Dieu n'existe plus, et l'esprit effrayé se demande à-la-fois comment le temps a épargné ce qui devoit périr si vite, et détruit ce qui ne devoit périr qu'avec lui. Il arrivera pourtant un moment qui rétablira toutes choses dans leur état naturel. Les monuments de l'intelligence ont leur fin comme ceux de l'audace et de l'ambition; les pierres de la manufacture iront recouvrir les pierres du donjon gothique, et le torrent affranchi reprendra sa pente accoutumée à travers tous ces débris.

Après ces monuments de la nature dont nous venons de parler, il n'y en a point de plus intéressants que ceux qui attestent les efforts d'une civilisation primitive, et encore étrangère aux inspirations de l'étude et des arts. C'est à cette catégorie que se rapportent cette foule de monuments autochtones que l'on a nommés *druidiques* ou *cyclopéens*, et qui, plus communs que par-tout ailleurs sur le sol de cette vieille Gaule, Égypte des pays celtiques, ne sont nulle part plus méconnus, plus ignorés. Les travaux d'une société dont on n'a pas assez reconnu les services, et qui étoit, il faut le dire, la plus nationale de toutes nos académies, ont donné depuis quelque temps à cette étude une puissante impulsion. Il n'y a point de traditions de la terre natale qui ne s'y rattachent, mais ces traditions n'avoient été jusqu'ici recueillies que par le peuple. Elles n'étoient que françoises, elles n'étoient que poétiques, et personne en France ne sembloit s'être douté que les souvenirs de la France eussent aussi leur poésie. Chez les peuples de première civilisation, ce sont les poëtes qui enseignent l'histoire et les sciences à la société naissante. Chez les peuples de civilisation secondaire, ce sont les savants qui ramènent la pensée de l'homme aux saintes traditions de la patrie, aux conquêtes brillantes de l'imagination et du sentiment. Les voyageurs se détournoient sans doute rarement de leur chemin dans le courant du siècle passé pour visiter quelques pierres énormes, élevées sur quelques pierres énormes par un artifice de mécanique qui semble pouvoir être à peine atteint par les perfectionnements d'un âge avancé dans la pratique des travaux de construction, mais dont la découverte ne leur offroit qu'un intérêt bien foible, puisque rien jusqu'alors ne leur en avoit révélé l'objet. Les paysans n'y voyoient alors comme aujourd'hui qu'un baptistère rustique des premiers âges chrétiens, et cette idée n'est pas sans justesse, car elle désigne probablement l'usage auquel une partie de ces constructions extraordinaires dut être appliquée quand le souvenir de la religion des druides fut effacé de la mémoire des peuples, et qu'il ne resta d'eux que des monuments informes, sans inscriptions, sans emblèmes, sans langage qui parle à aucun des sens, et tels que les auroit laissés une génération gigantesque, mais sauvage, étrangère à nos institutions, à nos mœurs, et à nos arts.

Le monument dont nous parlons s'élève sur un coteau parallèle à la ligne gracieuse où se développe l'agréable village de Trie[1]. Il se compose

---

[1] Le rapport de cette articulation avec le mot *dru* qui signifie un chêne, et qui se retrouve dans le grec, augmente la probabilité d'un établissement important du culte druidique dans les environs de GISORS. Nous abandonnons d'ailleurs aux savants

de quatre blocs d'une grande dimension, dont le plus considérable est élevé sur deux des trois autres, comme la table d'une cheminée sur ses consoles. La quatrième pierre occupe le fond, et se distingue par une ouverture circulaire d'un travail plus régulier que le reste. Cette ouverture servoit-elle à des sacrifices humains, ou bien n'a-t-elle été pratiquée que postérieurement à l'extinction du culte druidique, soit pour les cérémonies du baptême chrétien, soit pour tout autre genre d'initiation? c'est ce que nous n'entreprendrons pas de décider sur la foi d'une tradition douteuse. Ce qui paroît certain, c'est que la partie inférieure du monument dans laquelle un certain nombre d'hommes pouvoient se tenir debout étoit consacrée aux mystères religieux qui s'accomplissoient devant le peuple, et que la pierre qui le surmonte, grossière tribune de ces prêtres barbares, tenoit lieu du trépied sacré des Pythies à celui d'entre eux qui exerçoit dans ces assemblées le ministère de la parole. La position de cet étrange édifice au penchant d'une colline dont la déclivité douce et régulière étoit propre à recevoir sans embarras et sans confusion une foule immense de spectateurs, prête la plus grande vraisemblance à cette hypothèse. Aujourd'hui la colline des druides est entièrement couverte d'une jolie forêt qui jette sur le théâtre des solennités sanglantes de nos aïeux le voile de ses noirs ombrages; et lorsqu'à travers ses sentiers de verdure et de fleurs, on arrive tout-à-coup à l'autel des sacrifices, l'étonnement dont on est saisi, augmenté par le contraste de ces beautés naturelles et de ces horribles souvenirs, se mêle d'une sorte de terreur. Les jeunes arbres qui l'entourent n'ont plus d'harmonie avec lui. La grace du paysage s'attriste de l'austérité du monument. L'ame seroit moins profondément surprise si à la place de

---

ce genre d'hypothèses qui est tout-à-fait étranger à nos recherches. Il n'est même pas inutile d'ajouter que nous ne comprenons le *monument druidique* de GISORS parmi les antiquités de la Normandie qu'en raison du surnom sous lequel il est connu par les explorateurs d'antiquités celtiques, le cours de l'Epte qui sépare les deux Vexins le plaçant hors des limites dans lesquelles nous nous sommes renfermés jusqu'ici.

cette végétation naissante, nouvelle espérance des bois, s'élevoit un vieux chêne souvent frappé de la foudre, et dont quelques pâles touffes de gui remplaceroient tout le feuillage.

Le portail de l'église de Saint-Gervais et Saint-Protais de GISORS, reconstruit à l'époque de la RENAISSANCE, est le plus précieux monument de ce genre qui existe en Normandie, et la France entière elle-même ne peut lui opposer que le pavillon de François Ier dans l'admirable cour du Louvre, chef-d'œuvre de régularité, de noblesse, de majesté, mais qui lui cède peut-être en grace et en élégance. Les détails et les figures sont d'une exécution achevée, et sans être de Jean Goujon, comme le pensent, sur la foi de l'analogie la plus naturelle, quelques personnes très éclairées, ces beaux travaux appartiennent certainement à l'école de ce grand maître, et honorent le talent de ses premiers élèves.

L'église de GISORS ne renferme point de fragments d'architecture d'une haute antiquité; il n'y reste pas un vestige de ce style roman qui succéda d'une manière si âpre, mais si imposante, aux constructions du Bas-Empire. Rien de ce qui est debout ne remonte au-delà du treizième siècle; jusqu'à la fin du seizième on a continué à édifier pour l'utilité ou pour l'ornement. Les artistes barbares qu'un goût dépravé enfanta à la suite de cette brillante école des arts rajeunis, et dont la détestable méthode s'est prolongée presque jusqu'à nos jours, furent heureusement d'une stérilité consolante pour la postérité. S'ils ont déshonoré nos églises et nos temples, on croiroit qu'ils ne l'ont fait qu'à regret pour obéir à un instinct malheureux, et on se félicite qu'ils n'aient pas eu assez de puissance dans leurs volontés, assez d'obstination dans leurs entreprises, pour élever, comme l'art ingénieux des temps intermédiaires, des monuments indestructibles qui n'auroient immortalisé que leur ignorance et notre honte¹.

---

(1) Le jubé qui supporte les orgues est cependant fort remarquable. Des morceaux d'architecture rapprochés de notre âge, c'est le seul qui mérite l'attention des gens de goût.

Indépendamment du portail et de la base du clocher qui devoit être élevé près du portail, il faut remarquer une porte latérale au nord qui est d'une richesse désespérante pour l'artiste qui veut peindre et pour l'antiquaire qui veut décrire. Le galbe des bas-reliefs qui représentent ce *douaire de la Vierge,* dont Gisors étoit la figure par le privilége des chroniques, a quelque chose de divin, et l'ajustement de l'ange Gabriel est plein de grace comme le touchant mystère qu'il venoit raconter à la fille de David.

Le parvis de l'église de Gisors lui-même a conservé des souvenirs qui peuvent entrer jusqu'à un certain point en comparaison avec ceux de son château gothique et de son orme cuirassé. Des annales manuscrites qui se perpétuoient de curé en curé, et dont la naïveté ne manque ni d'élégance ni de force, attestent qu'un saint prêtre[1] osa y lutter contre

(1) « Lorsqu'Henry 4ᵉ, roy de France, arriva pour la première fois à Gisors, et qu'il y fut faitte la presche dans la salle haute où sont maintenant les pauvres de l'hospital, pendant que le ministre faisoit sa presche le curé estoit dans un lieu tout proche d'où il pouvoit voir et entendre le ministre; aussitost que la presche fut faitte, il commanda à un de ses clercs d'aller tinter la grosse cloche en forme de toxin ou d'alarme; un chacun se rendit à l'église, oyant un son extraordinaire. M. de Biron et les principaux chefs du conseil du Roy s'y trouverent aussi pensant qu'il alloit faire quelque discours séditieux, mais l'ayant entendu changerent bien leurs sentiments d'aigreur en amour; il prit son texte du chapitre 7 de saint Mathieu, « *Attendite a falsis prophetis qui veniunt* « *ad vos in vestimentis ovium, intrinsecùs autem sunt lupi rapaces; a fructibus eorum cog-* « *noscetis eos.* Donnez-vous de garde, peuple chrestien, et ne croyez pas aux faux pro- « phètes qui paroissent devant vos yeux, doux comme des brebis, mais au-dedans ce « sont des loups ravissants; vous les connoistrez par leurs fruits. Je viens, disoit-il, « d'entendre présentement la presche du ministre dont je suis fasché en mon cœur « qu'un homme ait été si téméraire de falsifier quantité de textes de la sainte Écriture « qu'il a avancés; j'ose vérifier qu'il a dit des calomnies contre l'Église catholique et « fait des propositions qu'il ne sera pas si hardy de soutenir en ma présence, car sur « le péril de ma vie et de mon honneur, je me soumets de lui justifier quinze faussetés « en son discours et plusieurs mensonges. Cette cloche que je fais tinter extraordi- « nairement ne me doit estre imputée à crime ny encore moins à sédition, puisque ç'a « été pour un sujet qui m'a donné et me donne une juste alarme, car jusqu'icy, grace

l'hérésie, revêtue de toutes les séductions de la puissance et de la bonté, du prestige de la majesté royale et de l'ascendant populaire d'Henri IV.

« à Dieu et à nos Roys très chrestiens, jamais le présent n'avoit été fait en cette ville ;
« je l'ay empesché en présence de madame Renée de France, quoique comtesse de Gi-
« sors, mais je n'ay pu résister à un Roy de qui je suis le très obéissant serviteur et sujet,
« excepté en ce qui concerne ce que je dois à Dieu touchant le sujet de la religion,
« parcequ'il vaut mieux obéir à Dieu qu'aux hommes. Sa Majesté ny vous, messieurs,
« ne doivent pas trouver mauvais que je maintienne la croyance que nous gardons de-
« puis les apostres. Cela n'empesche pas, peuple chrestien, que vous ny moy ne le ser-
« vions ny lui obéissions, ny lui rendions les devoirs qui lui sont deus, car j'estime tant
« son bon naturel que je crois qu'il trouvera bon que je réfute son imposteur de mi-
« nistre. Vous, mes confraires les prestres, et vous, mes paroissiens, qui estes mes
« enfants que j'ay engendrés par l'évangile, soyez stables et fermes en votre foy, et je
« suis icy au milieu de vous pour en répondre aux dépens de ma teste. Il y a tant d'an-
« nées que je vous instruis à la foy catholique, persévérez-y constamment ; je prie
« Dieu pour la conservation de notre invincible monarque, afin que Dieu lui fasse la
« grace de retourner à la foy de ses ancestres, ces très chrestiens Roys de France, que
« Dieu le rétablisse dans son estat, et qu'il lui donne la paix et à nous, si bien que lui
« et son peuple n'aient qu'un mesme Dieu et une mesme religion. Ainsi soit-il. »

« Ce discours fut ouy des principaux du conseil d'estat du royaume avec un grand silence et une satisfaction toutte particulière, ayant été caressé d'eux au sorty de sa chaire,
et principalement du mareschal de Biron qui l'embrassa et l'appela son père, et lui pro-
mit de dire au Roy ce qui s'estoit passé. Le Roy mesme prit plaisir une fois de le voir disputer contre son ministre, mais la partie n'estoit pas égale, parceque ledit sieur curé
le rendit confus, ce qui l'obligea de supplier le Roy qu'il eust à commander à ce moyne
qu'il eust à le laisser en paix, et qu'il ne vouloit pas disputer davantage contre un ja-
cobin ; à ce mot le Roy pensa se fascher contre son ministre qui usoit de ce terme sa-
chant ce qui s'estoit passé à Saint-Cloud, et lui dit qu'il ne falloit pas comparoistre en
honneste homme avec un méchant, et que c'estoit à lui une chose honteuse d'avoir
trouvé à Gisors un curé qui le faisoit taire et suivre devant lui. Le Roy et le mareschal
passerent à lui, et depuis ce temps-là ils l'appelerent leur père. Ledit roy Henry 4ᵉ
ayant enfin connu la fausseté de sa religion, et s'estant fait instruire dans la nostre,
fit abjuration de son hérésie le 25ᵉ juillet 1593, en l'abbaye de Saint-Denys en France,
entre les mains de l'archevesque de Bourges, qui lui donna l'absolution après avoir
fait sa profession de foy le jeudy 21ᵉ d'octobre audit an 1593. Henry 4ᵉ vint à Gi-

GISORS. 151

Pierre Nepveu, curé de Gisors, y renouvela envers un roi égaré l'exemple de la noble résistance de saint Ambroise, mais par une juste appréciation

sons et entendit la messe en l'église paroissiale. Ce fut donc à propos que le Roy qui avoit fait faire la presche à Gisors pendant son séjour où il n'avoit jamais esté fait vint réparer le mauvais exemple qu'il avoit donné en venant réitérer sa profession de foy. On remarqua que touttes les fois que le Roy venoit à Gisors pendant qu'on y fit la presche, on ne sçut persuader au peuple de crier *Vive le Roy*, non pas mesme les enfants, quoiqu'on leur donnast quelques friandises pour crier. Le sieur curé estant adverti du jour et de l'heure que le Roy viendroit en son église fit assembler tous les prestres de son clergé qui estoient pour lors au nombre de soixante ou environ, et leur commanda de prendre leur surplis. Ledit sieur curé se vestit de son aube, manipule et estole avec une chappe, et prit en sa main une petite croix d'argent doré donnée par feu M. Antoine Lemercier, l'un de ses prédécesseurs; il avoit donné ordre de fermer la porte de l'église du costé de la grande rue, et avoit fait ranger son clergé en hayes jusqu'au premier pas du cimetière proche la sacristie de Notre-Dame où ledit curé attendoit le Roy de pied ferme, et lui dit en substance les paroles qui suivent, selon le rapport de plusieurs personnes de probité :

« Sire,

« Votre Majesté ayant séjourné en divers voyages dans sa petite ville de Gisors, ç'a
« été un regret perpétuel, de nous comme pasteur de ce lieu, de notre clergé et de vos
« bons et fidèles serviteurs, et une douleur très sensible de vous voir icy faire l'exercice
« d'une religion que vos prédécesseurs ny nos ancêtres leurs très obéissants serviteurs
« n'ont jamais connue, ce peuple estant, grace à Dieu, tout-à-fait catholique. Votre
« Majesté prend le chemin de venir en notre église, et d'y vouloir entrer; elle trouvera
« bon, s'il lui plaist, que je lui demande avec quel esprit elle veut rentrer dans l'arche;
« je ne sçaurois croire qu'elle veuille ressembler au corbeau pour retourner à la cor-
« ruption de l'hérésie; je présume plus volontiers qu'elle veut revenir à Noé, comme
« la colombe portant le rameau d'olive, et qu'ainsi elle desire rendre la paix à la pre-
« mière Église sa mère, qu'elle a pour un temps abandonnée, et qui depuis n'a pas
« laissé que de gémir pour vous faire revenir à son giron. »

Le Roy répondit : « Qu'il se présentoit avec un esprit de paix et de bonne volonté
« vers l'Église romaine, qu'il estoit très marry de l'avoir quittée, mais qu'il louoit Dieu
« que depuis quelques mois il s'estoit réconcilié à Saint-Denys en France au lieu où sont
« enterrez ses devanciers, et qu'il y avoit aussi enseveli son erreur. Je vous prie, mon

de ses doubles devoirs, citoyen sans cesser d'être chrétien, et modèle d'une fidélité évangélique envers Dieu et envers César, il allia les vertus du citoyen à la constance du prêtre. Il servit à-la-fois la religion de ses pères contre la réforme, et la monarchie contre la ligue.

« père, se dit le Roy, de ne me pas traitter avec plus de rigueur que les prélats ne m'ont « fait en l'église de Saint-Denys, à Mantes, et ailleurs. » Le vénérable vieillard lui répliqua : « Ces sages prélats, ny moy qui suis bien moindre « qu'eux en qualité et en mérite, ont bien pu par précaution vous recevoir autant qu'il « estoit en leur pouvoir, touttes fois parceque nous dépendons du pape le chef de « toutte l'Église militante, son authorité vous est requise et nécessaire pour votre pre- « mière absolution. » Le Roy répondit : « Mon cousin le cardinal de Bourbon m'en « disoit autant que vous, mais les évesques et docteurs lui ont maintenu qu'ils pou- « voient me recevoir par prévention, sauf à moy, comme j'espère, d'envoyer mes am- « bassadeurs à Rome pour accomplir tout ce qui sera requis à un prince qui veut re- « tourner aux bonnes graces de Dieu et de l'Église catholique, de laquelle je reconnois « le pape estre le chef. » « Soyez donc, SIRE, le très bien venu, » dit M. le curé, qui prit le Roy par la main, et le mena devant le portail de son église où les portes estoient encore fermées, et lui fit un petit discours. « Vous m'avez dit, SIRE, que vous vouliez « estre la colombe. Souvenez-vous donc que cet oiseau a pour seul ramage des gémis- « sements ; c'est à vous aussi de gémir votre longue absence hors l'Église, et il est à « propos que je vous dise ce que saint Paul disoit aux Romains, chap. 10e : L'on croit de « cœur pour estre justifié devant Dieu, mais il faut pour estre sauvé proférer la « croyance devant les hommes ; c'est pourquoy, SIRE, Votre Majesté est en quelque fa- « çon obligée de réitérer votre profession de foy à GISORS où vos presches qui n'avoient « jamais été faittes en ce lieu ont scandalisé un peuple si catholique. » « Et bien, mon « père, dit le Roy, faittes-moy faire tout ce qui est nécessaire pour contenter Dieu « et les hommes. » « Mettez-vous, SIRE, à genoux, dit M. le curé, et adorez la croix de « Notre-Seigneur. » Ce que le Roy fit avec tant de dévotion qu'il tira les larmes de toutte l'assistance. La porte de l'église fut incontinent ouverte, et tout le clergé marchant devant le sieur curé suivoit le Roy et toutte la cour en chantant l'antienne de saint Gervais et saint Prothais, allant dans le chœur avec l'oraison. Après quoy il entendit une messe basse, pendant laquelle on chanta le *Te Deum* avec orgues et musique, et à la fin trois fois *Salvum fac Regem* en faux bourdon, et depuis cette heure de quel costé que parust le Roy on ne laissa de crier *Vive le Roy*, ce qui lui fit dire : « Ventre « saint gris, me voilà donc Roy de GISORS !... »

GISORS.

L'intérieur de cette église n'est guère moins remarquable que son magnifique portail. Il paroît que certaines de ses parties furent élevées aux frais des confréries ou des corporations du temps, d'autres pour accomplir quelque vœu formé dans des voyages lointains, d'autres enfin pour consacrer par un monument religieux la naissance d'un fils de France. Le premier pilier en entrant à droite est chargé de sujets qui représentent les différents travaux des tanneurs, et où les costumes de l'époque sont dessinés de la manière la plus piquante; le second porte les emblèmes ordinaires des pèlerins; des dauphins sont figurés sur le troisième.

Un cadavre exécuté en marbre, et que le peuple fait admirer aux voyageurs dans la seconde chapelle du même côté, doit être la principale autorité de l'opinion de Ducarel, qui attribue à Jean Goujon toutes les sculptures de la même époque dont ce beau temple chrétien est orné. Il est cependant presque évident que cette dernière production elle-même, quoique d'un travail admirable, n'appartient pas à notre Phidias.

Ruines du Donjon du Château de Gisors

Vue des Ruines du Château de Gisors,
prise des fossés extérieurs.

Vue Générale des Ruines du Château de Gisors.

Cachot du Prisonnier de Gisors.

Tour du Prisonnier
Château de Gisors

Fragmens des sculptures exécutées par le Prisonnier de Gisors.

Façade de l'Eglise de S.t Gervais et S.t Prothais à Gisors.

Vue du Chœur de St Gervais et St Protais du côté du Couchant

Base du clocher de St Gervais et St Prothais.

Vue Générale de l'Église de St Gervais et St Protais

Partie latérale de la nef.
Église de St Gervais et St Protais à Gisors.

Suport des Orgues de St Gervais et St Protis à Gisors.

Ruines de la Tour de Neaufle.

Tour de la Reine Blanche près de la Cascade de Bozu.

Ruines du château sur Epte.

Bas reliefs et entablement.
Détails extérieurs de S.t Gervais et S.t Protais à Gisors.

Détails de l'Église St. Gervais et St. Prothais à Gisors.

Porte latérale au nord de l'Église St. Gervais et St. Prothais à Gisors.

Vernon. Gaillon. Mortemer.

Vernon dut passer pour une ville importante pendant les longues et sanglantes guerres des François et des Normands, lorsque ses murailles, qui commandent le cours de la Seine à l'extrême frontière du duché de Normandie, étoient toujours exposées les premières aux atteintes de l'ennemi. Cependant sa position même, qui rendoit cette ville propre à servir de part et d'autre de refuge aux avant-gardes, la mit constamment à l'abri des coups les plus décisifs, et on ne les voit se porter qu'en-deçà ou au-delà de ses remparts. Cette circonstance favorable au repos de ses habitants n'est pas une de celles qui recommandent les peuples à l'attention de l'histoire; et le nom de Vernon, qui rappelle aujourd'hui le souvenir d'un beau fleuve et d'une campagne riante, ne se rattache dans nos annales qu'à un petit nombre d'événements sans éclat. Un de ses sujets de gloire est d'avoir donné naissance au brave Richard de Vernon qui accompagna Guillaume à la conquête de l'Angleterre, et dont la famille a fourni à la plume brillante de sir Walter Scott la plus piquante peut-être de ses héroïnes. Le fils de Richard de Vernon fonda en 1052 dans sa ville natale l'église de Notre-Dame, en partie rebâtie vers le quinzième siècle, et où il reste peu de chose de la construction primitive. En 1398 on y déposa le cœur de la reine Blanche de Navarre, veuve de Philippe de Valois. « Cette princesse, dit Vély, dont les qualités respectables, qui lui avoient « mérité le surnom de la *Bele Sagesse,* formoient un contraste parfait avec « les vices de Charles-le-Mauvais, son frère, s'étoit retirée dans son château « de Neaufle. Ce fut là qu'elle finit ses jours (presque septuagénaire) dans « l'exercice des vertus chrétiennes, loin du tumulte du monde et des « orages de la cour où elle venoit rarement, et seulement dans les occa- « sions où l'on avoit besoin de la consulter. » VERNON avoit été cédé en 1190 à Philippe-Auguste, en vertu d'un traité de paix de ce monarque avec Richard Ier. Devenue apanage des reines, cette ville fut depuis donnée par François Ier à Renée de France, comtesse de Ferrare.

Dans le silence presque absolu de l'histoire, on recueille à peine de siècle en siècle un fait aussi remarquable que la condamnation prononcée en 1255 contre un seigneur de VERNON, qui fut obligé de dédommager un marchand volé en plein jour sur son territoire.

La dernière des traditions de VERNON que les chroniques aient daigné nous conserver, remonte à la bataille de Cocherel. Un chevalier qui se rendoit à l'armée de Duguesclin s'étant arrêté à VERNON pour y prendre quelque repos, l'homme de guerre qui commandoit cette ville crut être agréable au roi de Navarre en faisant fermer les portes, et en retenant le voyageur prisonnier dans l'intérieur des murs; mais celui-ci gagna le pont, fit franchir le parapet à son cheval, traversa la Seine à la nage, et arriva aux tentes du héros avant qu'on fût remis de l'étonnement de son départ. Il est à regretter que ces beaux faits de bravoure aventureuse et de dévoûment chevaleresque n'aient pas inspiré les poëtes françois des siècles intermédiaires. VERNON compteroit peut-être à cette époque des noms plus célèbres en poésie que celui de Guillaume Maignard, et des monuments littéraires moins oubliés que les *Palinods* qui lui obtinrent la couronne de Lauréat. Il ne manquoit rien d'ailleurs à ce pays, fécond en héros pour la gloire et en beautés pour l'amour, de tout ce qui peut élever l'imagination et inspirer le génie. Plus on contemple les sublimes productions de l'architecture religieuse dans cet âge de création et de pensée, plus on réfléchit sur la noble originalité des mœurs, sur la vaillance des chevaliers, sur la chaste accortise des damoiselles, sur la franche hospitalité des châtelains, plus on s'étonne qu'il ne se soit pas formé dans un monde si poétique une langue poétique comme lui. L'épopée étoit vivante dans la société; il ne lui manquoit que des interprètes, et elle n'en trouva point. La main d'un pédantisme funeste étouffoit pour bien des générations les développements du génie; la *Scolastique* régnoit, et emprisonnoit dans le cercle étroit de son compas de plomb toutes les facultés de l'intelligence, toutes les libertés de l'esprit qui invente, et toutes les graces de l'imagination qui embellit. Ce qu'il y a de déplorable peut-être, c'est que le talent gémissant secrètement de son esclavage, se crut obligé d'en respecter la contrainte volontaire, et d'être tout ce qu'il pouvoit être dans les limites qui lui étoient tracées. Il se contenta de dorer sa chaîne et d'orner son cachot, et beau comme il est toujours, il parut à ses geoliers plus beau de sa captivité qu'il ne l'eût jamais été de son indépendance.

La *Tour aux archives* de Vernon offre un aspect très pittoresque dont l'œil jouit avec plus de charme et de sécurité, quand on sait d'avance qu'elle ne subira pas le sort de tant de monuments du moyen âge que nous avons vu périr. Héritage d'un prince ami des arts, elle ne tombera jamais sous le marteau profanateur des barbares qui mutilent nos ruines pour se les partager. Telle est la liaison des affections naturelles des peuples, que d'anciennes murailles leur rappellent d'anciens devoirs; ces vieilles forteresses qui ont protégé nos campagnes contre l'invasion de l'étranger, ces vieux temples dont le seuil a reçu, dont les prêtres ont béni les dernières dépouilles de nos aïeux, ont aussi leur légitimité. La main sacrilège qui les renverse en passant est conduite par un esprit qui sait qu'elle détruit tout. Les peuples qui n'ont plus de monuments sont placés à un des points extrêmes de la civilisation comme ceux qui n'en ont pas encore. Les uns y entrent; les autres en sortent.

Ainsi en perdant les magnifiques édifices qui la décoroient, la petite ville de GAILLON a perdu presque tous ses titres à la célébrité. Il faut aller demander à l'histoire tout ce que son aspect apprenoit naguère aux regards charmés de l'observateur, pour se faire une idée des merveilles dont elle fut enrichie. Dès le temps des anciens ducs de Normandie, il existoit à GAILLON un château d'une assez grande importance. En 1204, Philippe-Auguste donna cette chatellenie à l'un de ses officiers nommé Cadoc qui lui avoit rendu de grands services dans la conquête de la province, et qui fit bâtir en 1205 dans le bourg une chapelle où il plaça des chanoines. Son château revint à la couronne, probablement après sa mort, car on voit par un contrat signé à Nevers au mois de juillet 1262, que saint Louis donna la seigneurie de GAILLON à Odon Rigault, archevêque de Rouen, en échange de quelques moulins et de 4,000 livres tournois. Depuis ce moment cette seigneurie ne changea plus de maîtres.

En 1423, le château fut pris et ruiné par les troupes du duc de Bedford; mais à cette époque de barbarie et d'espérance tout à-la-fois, il n'y avoit point de ruines irréparables. Les murailles ne tomboient que pour se relever, et ne se relevoient que pour s'embellir. Vers 1505, le cardinal Georges d'Amboise fit rebâtir le château de GAILLON. Ce château devint un palais, et ce palais fut digne d'être remarqué entre tous les monuments qui méritent ce nom. Il n'avoit été question d'abord que de suivre les premiers dessins, et de rétablir dans son ancienne intégrité l'édifice détruit; mais la brillante imagination des artistes de cet âge ingénieux ne pouvoit s'astreindre long-temps à la dépendance d'une imitation servile; tous les plans s'agrandissoient devant leur pensée, tous les détails se perfectionnoient sous leur crayon. Parmi tant d'habiles rivaux appelés à lutter de génie et de goût dans ce concours de chefs-d'œuvre, on citoit le fameux Jean Joconde qui y répandit avec profusion les élégantes richesses de l'architecture italienne; parmi les architectes nationaux dont les travaux couronnèrent cette magnifique entreprise, on nomme Androuet du Cerceau, à qui la capitale est redevable des hôtels de Mayenne et de Sully. Les murs du palais se couvrirent d'arabesques d'une délica-

VERNON. GAILLON. MORTEMER.

tesse exquise, de riches médaillons, de sculptures précieuses, qui se multiplioient comme par miracle sous le ciseau spirituel et fécond de Jean Juste de Tours. Une chapelle soutenue par des colonnes de jaspe, et ornée de statues d'albâtre, n'offroit rien de plus parfait cependant à l'admiration des connoisseurs qu'un bas-relief du plus beau travail, de la main de Paul Ponce, qui représente saint Georges combattant un monstre; heureusement il est venu de ruines en ruines avec la fontaine de la grande cour du palais de GAILLON, et quelques autres de ses vestiges, accroître le merveilleux dépôt des trésors du Louvre[1], où les restes du moyen âge trouvent enfin un digne asile auprès des restes de l'antiquité. Les musées sont de grands tombeaux où toutes les générations doivent aussi prendre place à leur tour. Héritiers des temples et des chapelles, des palais et des manoirs, ils semblent faits pour attester à la fin des sociétés qu'il n'y a rien d'éternel, rien de durable dans les œuvres de l'homme, pas même ces productions du génie qui le rapprochent en apparence de la divinité même, et qui tôt ou tard séparées par le temps des vastes harmonies pour lesquelles elles avoient été conçues, finissent par s'entasser comme des cadavres dans un sépulcre commun.

Il reste bien peu de choses à la ville de GAILLON de toute cette splendeur; un corps de logis qui précède les cours; le cabinet du cardinal Georges d'Amboise, dépouillé de tous ses ornements, et une vaste galerie dont la position délicieuse laisse apercevoir les beautés du vallon et le cours de la Seine.

La chartreuse de GAILLON étoit située entre le château et la rivière, à un quart de lieue de l'un et de l'autre. Fondée en 1571 par le cardinal Charles Ier de Bourbon, archevêque de Rouen, confirmée en 1594 par

[1] Il y avoit dans ce palais un grand nombre de bas-reliefs de Saint-Georges, allusion naturelle au nom du fondateur; tous étoient conformes à la composition de Raphaël. On pense qu'une vierge couronnée qui est à genoux au dernier plan, et qui semble prier pour le succès des armes du chevalier, désigne la Cappadoce arrachée à l'idolâtrie par son dévoûment. Voyez l'excellente *Description des ouvrages de la sculpture moderne exposés dans les salles de la galerie d'Angoulême*, par M. le comte de Clarac.

Charles II de Bourbon, aussi archevêque de Rouen, reconnue quatre ans après par Henri IV, elle disparut en 1764 dans un incendie. On y admiroit encore à cette époque un tombeau des comtes de Soissons, du travail le plus précieux. Deux statues d'homme et de femme, en marbre blanc, étoient couchées sur un cénotaphe de marbre noir; autour d'elles se grouppoient plusieurs figures d'enfants des deux sexes que la mort avoit enlevés avant de frapper ce noble couple. Enfin les quatre vertus cardinales ornoient les quatre coins du monument. Deux d'entre elles se faisoient sur-tout remarquer par leur exécution, et nous ne connoissons aucun éloge qui puisse donner de leur perfection une idée aussi élevée que la naïve tradition du peuple. Il raconte encore aujourd'hui qu'on fut obligé de transporter ce monument dans une des chapelles éloignées du chœur, parceque les religieux s'étoient plaint que l'aspect séducteur de ces statues troublât le saint recueillement de leurs prières, et les détournât par une puissance invincible de la contemplation des objets divins.

La chartreuse de GAILLON devoit être féconde en pensées solennelles, s'il est vrai qu'elle ait paru digne à Le Sueur de fournir des aliments à son sublime talent. On dit qu'elle le vit souvent rêver dans ses solitudes, et chercher des tableaux au pied de ses autels ou des modèles dans ses cloîtres, pour la belle *galerie de Saint-Bruno*, destinée aux Chartreux de Paris. Quelques uns de ses ouvrages datent même de cette époque de retraite et d'étude à laquelle on rapporte en particulier une *Assomption de la Vierge* qui orne l'église de Sainte-Clotilde, aux Andelis[1].

Les ruines du château de GAILLON sembloient donc défendues par le souvenir du génie qui l'avoit fondé; du génie qui lui avoit apporté en tribut tant de compositions ravissantes; du génie qui lui avoit demandé à son tour tant de magnifiques inspirations. Un tel édifice n'auroit pas eu besoin dans un autre siècle d'une autre protection contre les offenses de la barbarie et du temps. Puissent du moins nos efforts et nos vœux pré-

---

(1) Une critique difficile, tout en reconnoissant la beauté de ce tableau, pourroit contester jusqu'à un certain point l'authenticité du maître; mais nous ne voulons pas ravir à la patrie du Poussin la gloire de posséder une des productions de Le Sueur.

server ses derniers restes, et recommander à une génération plus éclairée, quoique moins fière de l'être, les débris de ces débris deux fois outragés! Un citoyen dont le nom vivra en France comme la gloire des belles antiquités nationales qu'il a courageusement sauvées d'une entière destruction, M. Le Noir, avoit recueilli quelques uns de ces trésors inappréciables dans un musée vraiment françois où revivoient, si l'on peut s'exprimer ainsi, les annales monumentales de nos rois. Nous avons eu la douleur d'assister à la destruction de ce panthéon chrétien, au moment où la religion n'avoit plus qu'une consécration à lui accorder pour en faire un temple. Les fragments des tombeaux, des statues, des colonnes, des chapiteaux, des portiques, tout sillonnés encore des traces de la foudre révolutionnaire, sont tombés pour la dernière fois sous la main d'une présomption ignorante, plus barbare que la barbarie des Vandales. Comme ce grand attentat n'a pas manqué de prétexte, nous conviendrons ici sans effort que les tombes des rois devoient être rendues au noble et pieux séjour que le culte des siècles leur a consacré, et que les temples rouverts aux fidéles réclamoient aussi un grand nombre de ces monuments funéraires que la reconnoissance et la piété leur avoient confiés comme un dépôt, et prêtés comme un ornement; mais à qui rendre les vestiges des palais qui n'existent plus? Faudra-t-il incruster les pilastres de Gaillon dans les cloisons ignobles d'une *maison de détention*, décorer d'une statue d'albâtre la loge étroite et fétide du condamné, et suspendre un bas-relief où brillent toutes les graces de l'imagination et toutes les joies du bonheur, au-dessus de la paille où le désespoir cherche dans ses yeux taris des larmes sans en trouver? Ces églises qui ne sont plus attendent-elles des pierres, des inscriptions, des vitraux? Ces palais qui ne se relèveront jamais, redemandent-ils leurs emblèmes chevaleresques et leurs écussons? Le tombeau d'Héloïse et d'Abailard avoit-il été fondé au Paraclet pour devenir au loin la décoration d'un jardin qui est devenu un cimetière? Le créateur du *Musée des monuments françois* méritoit à la suite d'une révolution les mêmes hommages que ce héros de l'humanité qui fut compris au nombre des *dieux mânes*, parcequ'il n'avoit pas désespéré de la piété des peuples, et que dans une maladie contagieuse qui dévoroit presque tous les citoyens, il n'en avoit point laissé sans sépulture.

Un hasard assez singulier réunira dans ce chapitre deux monuments fort importants pour l'histoire de l'architecture du moyen âge, qu'ils embrassent entre eux presque toute entière. Le château de GAILLON élevé aux premières années du seizième siècle, a, dans sa construction, les premiers éléments de la RENAISSANCE mêlés aux dernières traditions de l'ogive; et MORTEMER, fondée en 1130, unit aux arcades à plein cintre des temps antérieurs les essais de l'ogive naissante. Ce sont à-peu-près tous les intermédiaires de l'architecture du Bas-Empire à l'architecture moderne, en faisant abstraction d'une époque plus rapprochée qui n'a pas eu d'arts. Le palais de GAILLON et l'abbaye de MORTEMER sont donc des types d'observation également curieux pour l'archéologue et pour l'architecte.

Beaumont, dans le Vexin normand, avoit été le berceau d'une abbaye fondée en 1130 par ce Robert de Candos, châtelain de Gisors, que nous venons de voir échapper aux embûches d'une horrible trahison, et par sa femme Isabel. Peut-être même, cette fondation ne fut que l'accomplissement d'un vœu secret ou l'expression d'une juste reconnoissance. Mais soit que les enfants de Robert n'eussent point hérité de son affection pour les moines de Beaumont, soit que l'imagination ardente de ces austères cénobites aspirât réellement à une vie plus cachée et à l'aspect d'une nature plus rigoureuse, ils quittèrent Beaumont après une résidence de quelques années, et s'en allèrent à la recherche d'une autre solitude.

Il n'existe point de site en Normandie qui rappelle mieux par la magnificence, l'étendue et l'obscurité mélancolique de ses ombrages, les grands bois dont la province étoit couverte au moyen âge, que cette forêt de Lions, si chère aux ducs et aux rois normands, si souvent mentionnée dans les récits de leurs historiens. C'est là qu'ils aimoient à aller chasser par préférence dès le temps de Richard Ier, si nous en croyons Robert Wace qui en fait le théâtre de la plupart des aventures merveilleuses qu'il prête à ce prince, et qui semble vouloir la faire rivaliser avec les forêts enchantées des poëtes et des romanciers, ses prédécesseurs dans la riante carrière de l'Arioste. C'est au château de Lions qu'acheva de mourir deux siècles plus tard le plus sage et le dernier né des héritiers du *Conquérant*, ce Henri, protecteur des lettres et des arts, dont la vie auparavant si fortunée n'étoit plus qu'une longue et cruelle agonie depuis le moment où la perte inattendue d'un fils bien-aimé lui enleva pour jamais la faculté de sourire. Nulle part les Normands ne déployèrent un plus grand appareil de féodalité que dans le château de Lions. A quatre nobles barons appartenoit par droit héréditaire la défense de ses quatre portes, et c'est de l'une d'elles que partit Enguerrand de Marigny, pour aller s'asseoir sur les marches du trône, et pour revenir ensuite bien près de là dormir du sommeil de la tombe dans sa collégiale d'Écouy, après avoir épuisé toutes les faveurs de la fortune, et toutes ses rigueurs! A une époque plus récente, la forêt de Lions devint le séjour favori de l'avant-dernier des Valois; l'église de Lions reçut un gage de sa munificence, et son nom reste attaché au village de Charleval où s'élevoient pour lui sur les bords de la vallée de l'Andelle les bases d'un palais magnifique.

Les profondes retraites de la forêt de Lions présentoient aux pieux solitaires du moyen âge un asile trop assuré contre le tumulte et les distractions du monde pour ne pas recevoir quelqu'une de leurs colonies. Après avoir traversé de vastes espaces inhabités, après avoir vu finir le désert des bruyères et commencer le désert des bois, le voyageur qui va d'Écouy visiter l'emplacement du château des rois normands, rencontre un vallon étroit et ombragé, dirigé du S. O. au N. E. Les cris des oiseaux de proie et le murmure d'un foible ruisseau, étoient, aux premières années du douzième siècle, comme ils le sont redevenus naguères, les seuls bruits qui troublassent le silence de cette thébaïde. Les eaux du ruisseau, qui, violemment contrariées dans leur cours, disparoissoient tout-à-coup, puis se montroient un moment pour disparoître encore, et formoient une espèce de marais entre le point d'où elles tiroient leur origine, et celui où elles alloient se perdre, avoient donné à ce lieu le nom de MORTEMER, qu'une bataille fameuse rendoit cher aux Normands et à la victoire. C'est dans cette vallée sauvage et mal saine que les religieux du prieuré de Beaumont sollicitèrent la faveur de se réfugier, parce-qu'ils ne se trouvoient pas assez éloignés des distractions de la terre (dit une chronique contemporaine) dans un lieu où ils ne pouvoient sortir de leur cloître, sans que le spectacle des belles et fertiles plaines du Vexin vînt charmer leurs regards. Troublés depuis long-temps par un scrupule qui nous paroît aujourd'hui si étrange, ils avoient pensé à aller chercher auprès de leurs frères, dans le Limousin, une nature moins riche et moins gracieuse, quand on leur indiqua la sombre solitude de MORTEMER. Déja trois hermites, dont l'histoire n'a pas dédaigné de nous conserver les noms, les avoient précédés au désert. Ils ne formèrent bientôt avec les nouveaux venus qu'une seule famille chrétienne. Henri Ier qui n'avoit plus alors qu'un triste et rapide séjour à finir sur la terre, Étienne, Geoffroy Plantagenet, Henri II, Richard Cœur-de-Lion, protégèrent et dotèrent le monastère naissant, qui, s'étant affilié à l'ordre de Cîteaux, avoit besoin de leurs libéralités pour devenir comme les autres maisons de cet ordre un refuge ouvert à tous les voyageurs. La reine Mathilde, épouse d'Étienne, concourut aux dépenses de la construction de l'église; on ne mit cependant la main à l'œuvre que sous Henri II. Les travaux durèrent trois ans, et coûtèrent plus de mille livres de cette époque. Il ne resta dès-lors à construire que le chevet, ou chœur des moines, dont les fondements furent jetés de 1178 à 1180 par l'abbé Richard de Blosseville, et qui fut terminé par son successeur Guillaume, pendant les dernières années du siècle[1]. C'est à MORTEMER qu'Henri II célébra le commencement du carême en 1161, et qu'avec toute sa cour il reçut les Cendres des mains de saint Pierre de Tarentaise, légat du pape. Ce souvenir est le plus important que nous puissions rattacher au séjour des religieux de Saint-Bernard dans la solitude de MORTEMER. Plus avides d'obtenir une place dans le livre de vie que dans les pages de l'histoire, ils ont laissé leur

[1] Nous avons cru ne pouvoir établir avec trop d'exactitude la date d'un monument qui marque la transition la plus curieuse entre deux grandes époques de l'art, et dans la composition duquel les deux *écoles* rivales se trouvent sans cesse en présence, sans rien perdre de la franchise et de la naïveté de leur caractère.

souvenir s'effacer de la terre que leurs travaux avoient rendue salubre, du désert que leur piété avoit rendu hospitalier. Leur nom a cessé d'être béni par ceux mêmes dont ils avoient recueilli et nourri les aïeux. L'ami des traditions et des arts du moyen âge se détourne seul quelquefois des routes battues pour venir au milieu des ruines consulter leurs ombres sévères sur quelque secret du passé, ou étudier pendant qu'il en est temps encore les progrès de l'architecture chrétienne dans un de ses plus curieux monuments; mais trop souvent son ame, blessée du spectacle d'une destruction à-la-fois impitoyable et gratuite, éprouve le besoin d'interrompre ces recherches pour se demander laquelle des deux générations qui ont imprimé à Mortemer la trace de leurs pas, a mérité le nom de barbare.

Ruines du Palais de Gaillon.

Entrée du Palais du Cardinal d'Amboise à Gaillon.

Grande cour du Palais du Cardinal d'Amboise à Gaillon.

Ruines de l'Abbaye de Mortemer du côté du couchant.

Ruines de L'Abbaye de Mortemer du côté du Nord

Vue Générale des Ruines de l'Abbaye de Mortemer.

Détails de la grande porte à l'Occident de l'abbaye de Mortemer.

Fontaine du Palais du Cardinal d'Amboise à Gaillon

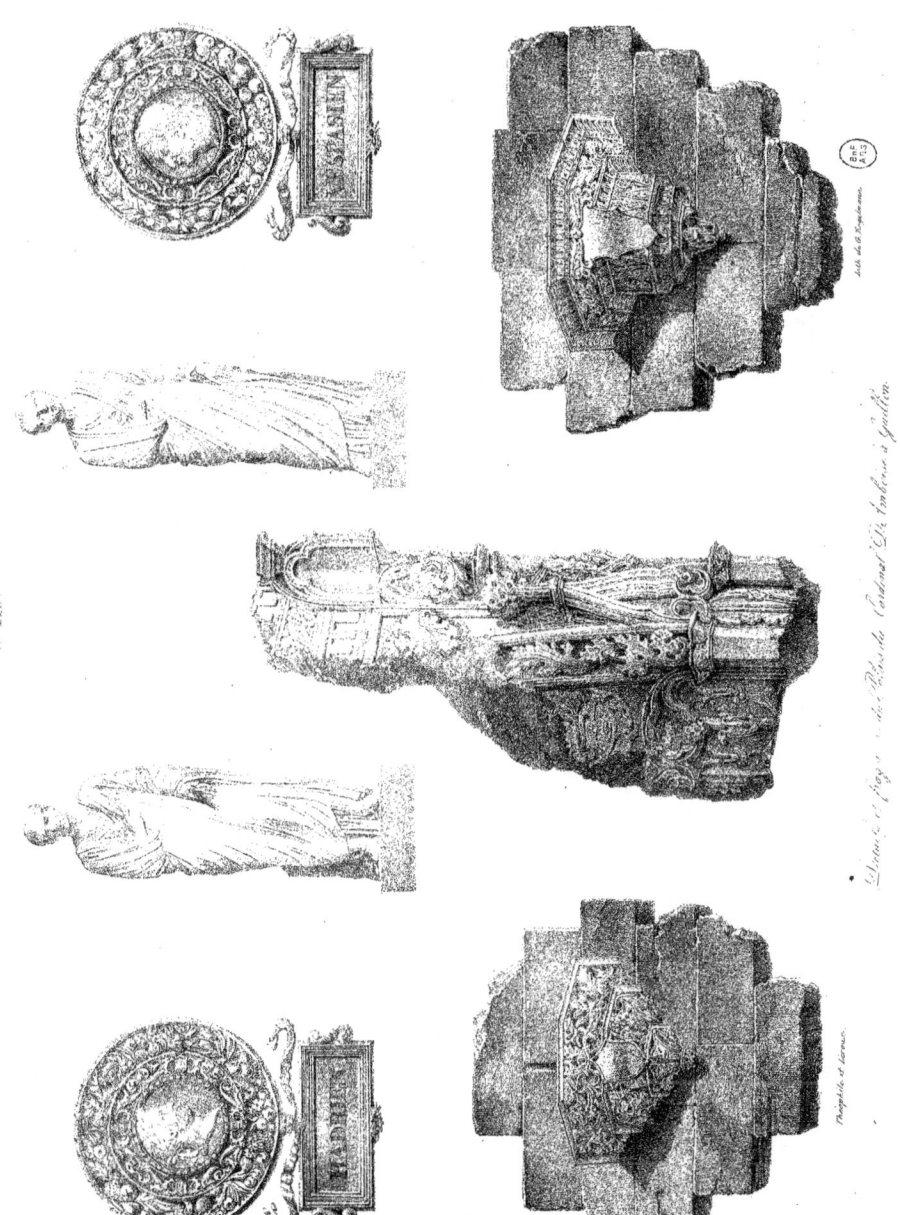

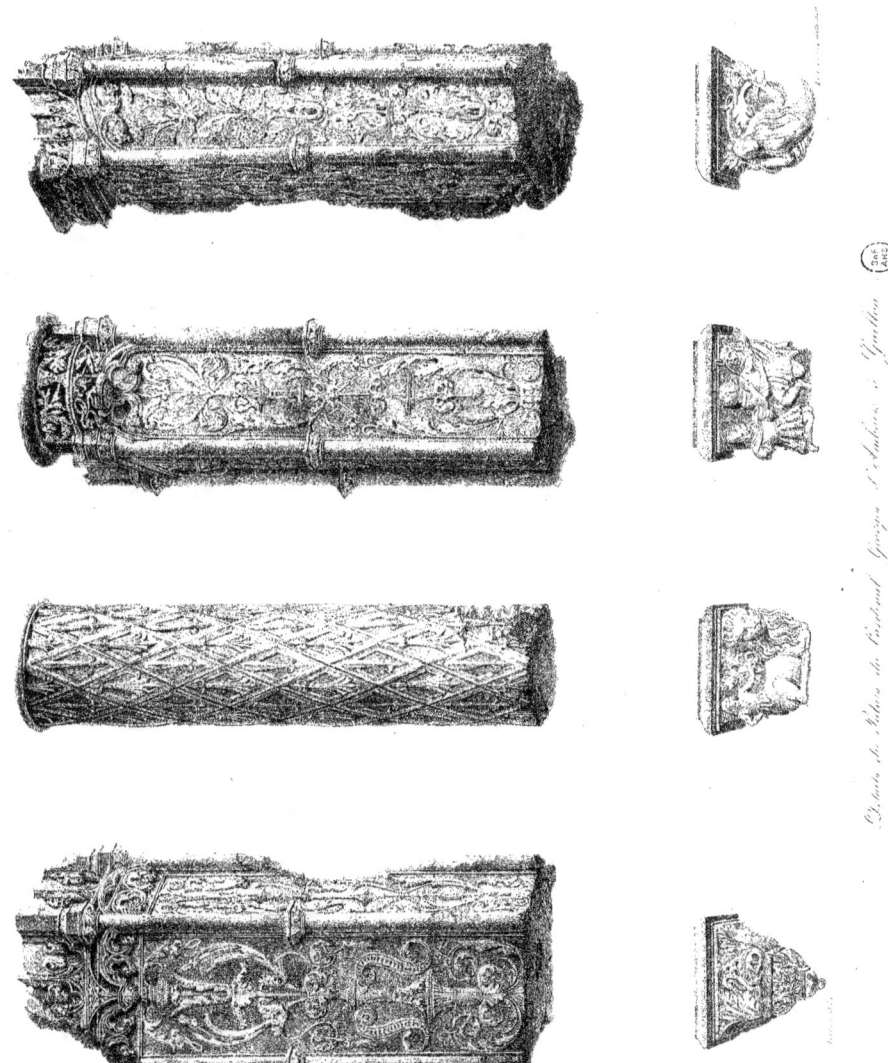

Objets du Trésor de l'intendant Georges d'Amboise et Gouthier

Évreux.

Évreux est situé dans une vallée fermée de coteaux au nord et au midi, et arrosée par la rivière d'Iton qui se partage en trois bras avant de baigner de ses eaux vives et transparentes les différents quartiers de la ville. Le premier de ces canaux fut ouvert par les ordres de Jeanne de France, fille de Louis Hutin, et femme de Philippe, comte d'Évreux, qui reçut d'elle le royaume de Navarre. Il commence son cours à une demi-lieue du côté du couchant, près du château de Navarre, que cette princesse avoit fait bâtir, et d'où elle aimoit à se rendre à Évreux en bateau. Il ne reste plus rien au château de Navarre de ses anciennes constructions, mais il s'est enrichi, dans ces derniers temps, des exemples d'une rare bonté, des souvenirs d'une touchante bienfaisance, et ces innocentes traditions vivent aussi pour la postérité!

L'histoire du comté d'Évreux est par-tout, et nous ne supposons pas qu'on la cherche dans un ouvrage bien plus destiné à la description des sites, à l'observation pittoresque des progrès de l'art, à la conservation des croyances locales et des mythologies populaires, qu'au dépouillement des chroniques mille fois ressassées par nos innombrables annalistes. On apprendra dans d'autres livres comment cette vieille république des Aulerques fut soumise aux François par la conquête de Clovis; cédée à Rollon, avec toute la Neustrie, par le traité de Charles-le-Simple; démembrée vers 990 du duché de Normandie par Richard premier du nom, en faveur de Robert, son second fils; transmise de ses descendants à la maison de Montfort l'Amaury par Agnès, sœur de Richard d'Évreux; rendue en 1200, sous Philippe-Auguste, au domaine de France, par la donation qu'en fit le roi Jean, à l'occasion du mariage de sa nièce Blanche de Castille avec Louis VIII; donnée comme appanage, en 1276, à Louis de France, fils puîné de Philippe-le-Hardi, et père du premier de ces comtes d'Évreux qui devinrent rois de Navarre; restituée de nouveau par le roi de Navarre Charles III, au roi de France Charles VI; un moment fief de Jean Stuart, sire d'Aubigny, connétable d'Écosse; érigée en duché-pairie par Charles IX, pour son frère François de France, duc d'Alençon, puis encore réunie à la couronne après la mort de ce prince, décédé duc d'Anjou, sans laisser de postérité; accordée enfin, en 1652, au duc de Bouillon, par la munificence de Louis XIV. Ces détails, sans doute fort importants pour l'histoire, mais qui sont heureusement trop répandus pour qu'on puisse en redouter la perte, ne nous appartiennent point.

Évreux eut le sort de toutes les villes de Neustrie au moyen âge. Souvent brûlée, souvent saccagée, son enceinte subit tour-à-tour les ravages des Normands, les représailles des François, et la domination de l'Angleterre. Parmi les guerres intestines qui se joignirent aux guerres de l'étranger pour agraver les malheurs de ce beau pays, il en est une dont l'origine mérite d'être rapportée, et que les vieux écrivains auxquels nous empruntons ce récit appellent *la guerre des belles dames*. Helvise, comtesse d'Évreux en 1092, s'étoit irritée contre Isabelle de Conches, parceque celle-ci lui avoit parlé du ton de la raillerie. Or, elle engagea le comte Guillaume son mari, avec tous les barons-pairs à prendre les armes pour avoir raison de sa querelle. La dame Isabelle étoit affable, bien disante, habile à l'exercice du cheval et autres notables pratiques des chevaliers; d'ailleurs belle, gracieuse, avenante pour les écuyers et pour le commun, et les chroniqueurs disent qu'on la surnommoit *Isabelle la guaie*. De sa part, la comtesse Helvise étoit une dame diserte et de grand savoir, mais sérieuse de nature, ce qui la faisoit appeler *Helvise la chagrine*. Le sire Raoul de Conches, époux de *la guaie* châtelaine, se sentant inférieur en forces, demanda du secours aux Anglois, et le roi envoya sur-le-champ Gérard de Gournay et ses hommes d'armes sous la bannière d'Isabelle. On se battit fort et long-temps. Le frère d'Isabelle, qui étoit neveu du comte d'Évreux, fut tué, et sa mort porta le deuil dans les deux camps. Pendant ce temps-là, Raoul de Conches faisoit prisonnier Guillaume de Bretcuil son neveu, et d'autres chevaliers de marque. Ces accidents, arrivés à propos de si petite fâcherie, firent grand rancœur au comte d'Évreux qui s'en résolut à la paix, au mortel déplaisir d'Helvise *la chagrine*, dont le chagrin s'accrut tous les jours, parceque tous les chevaliers de son parti qui avoient échappé aux hasards de la bataille étoient allés grossir la cour de sa rivale; elle auroit succombé à ce déplaisir si elle n'eût trouvé autre cause de consolation; un seul chevalier rentra dans sa cour, mais il avoit porté pendant la guerre les couleurs d'Isabelle *la guaie*, qui, malgré la victoire de sa bannière, devint triste de cet abandon, et mourut de douleur. Le chroniqueur ajoute sagement que cet exemple fait voir « combien entre *belles dames* il faut se garder de « railleries. »

Évreux a eu le malheur de voir naître Charles-le-Mauvais, roi de Navarre. Jeanne de France, sa femme, y mourut le 3 novembre 1373. Le bon Charles II, leur fils, y avoit été baptisé en 1361. La bataille de Cocherel fut livrée à peu de distance de ses murailles, en 1364; celle d'Ivry le 14 mars 1591. Ses portes s'ouvrirent aux troupes de Charles VII, en 1424; à celles d'Henri IV, commandées par Biron, en 1590. Cette ville a compté la plupart de nos rois parmi ses hôtes, et le savant cardinal du Perron parmi ses évêques. Tels sont les principaux souvenirs qui se rattachent au nom d'Évreux; mais nous ne saurions oublier qu'il fut porté par cet infortuné comte d'Essex, qui paya de sa tête le funeste honneur d'avoir été aimé d'une reine.

ÉVREUX.

Le monument le plus remarquable d'ÉVREUX par son antiquité, est le couvent de Saint-Taurin, autrefois habité par des Bénédictins de cette congrégation de Saint-Maur qui a jeté tant de lumières sur nos monuments. On croit que c'est vers la fin du quatrième siècle que saint Taurin vint prêcher l'Évangile dans la Neustrie. En 602, saint Landulphe éleva une chapelle sur son tombeau à l'extrémité d'un faubourg, et au bord d'un grand chemin baigné de la rivière d'Iton. Un saint évêque y fonda depuis une abbaye, qui passoit déjà pour ancienne du temps de Guillaume de Jumiéges. Ravagée par les Normands, relevée en 1026 par Richard II, duc de Normandie; ravagée de nouveau, et de nouveau relevée, elle porte dans ses ruines la date des différents âges de l'art jusqu'à la RENAISSANCE. C'est dans la branche de la croix au midi, du côté extérieur, qu'il faut chercher les vestiges des premières constructions. Ces élégantes arcades romanes, séparées par un fût moresque, et remplies de mosaïques d'un ciment rouge et bleu, appartiennent nécessairement à l'âge le plus reculé de l'architecture chrétienne; ce genre d'ornement rappelle la riche décoration de Saint-Marc, l'église-mosquée des Vénitiens; et sauf la vieille basilique de Notre-Dame-du-Port, à Clermont, et le baptistaire de Saint-Jean, à Poitiers, nous en connoissons bien peu d'exemples en France. Celui-ci est plein d'harmonie et de grace. Une partie de cloître qui date de la RENAISSANCE mérite aussi l'attention des curieux.

La cathédrale quoique assez remarquable n'offre rien qui la distingue essentiellement des monuments du même genre et de la même époque, c'est-à-dire des nombreuses églises construites en Normandie au quinzième siècle. Le portail et une des tours sont évidemment de la fin du siècle suivant. La tour la plus élevée est malheureusement plus récente encore. Elle est de cet âge de décadence où toutes les traditions de l'art et du génie parurent à jamais perdues pour l'avenir. Quelques chapiteaux romans des premières constructions se recommandent toutefois, dans cet édifice, à l'intérêt des artistes. La cathédrale d'ÉVREUX fut brûlée en 1379, et reconstruite avec assez d'art pour que ces vestiges de la construction ancienne s'y soient conservés. On fait remonter à Louis XI sa pyramide octogone soutenue par quatre piliers *en lanterne*. On y voyoit autrefois le tombeau de Simon, comte d'Évreux, sur lequel brûloient nuit et jour sept lampes sépulcrales.

Il existe, aux environs d'Évreux, un *dolmin* druidique dont il est impossible de méconnoître le caractère, malgré l'accumulation des terres qui a fait disparoître ses supports, et un village appelé *le vieil* Évreux, qui conserve des traces d'une antiquité fort reculée, quoique plus récente que cette antiquité gauloise. Des pierres gravées et des médailles qu'on y a découvertes, en assez grand nombre et à différentes reprises, semblent indiquer que c'étoit là que s'élevoit la capitale de la vieille république des Aulerques, au temps des invasions romaines.

Cour de l'Ancien Archevêché d'Evreux
(dessin inédit)

Tour du gros Horloge, bâtie sous la domination des Anglais en 1417.

Cloître du Couvent de Saint Taurin.

Puits du Parvis Notre-Dame.

Pingeaux de la Cathédrale à l'époque de la première construction. Statuettes du 13.e siècle.
marteau de la porte d'une maison gothique.
Evreux.

Le chêne d'Allouville. Mesnieres.

Au moment de quitter pour d'autres contrées ces délicieux rivages de la Seine qu'une longue habitude nous rendoit tous les jours plus chers, et dont nous cherchions les traditions avec autant d'empressement que si chacun de nous les avoit reconnus pour patrie, nous éprouvons le regret de n'avoir pu tout décrire et de n'avoir pu tout raconter. Les beautés naturelles de la Normandie demanderoient à elles seules plus de volumes que nous n'en pouvons consacrer à ses admirables monuments et à ses nobles annales. Le besoin de revoir, de sentir, de peindre les objets qui nous ont émus, nous auroit retenus long-temps, nous auroit souvent ramenés sur les grèves élégantes qui embrassent son littoral, au pied des falaises imposantes qui le dominent, dans ces profondes et sinueuses vallées où la Seine promène son cours, dans ces bois majestueux qui joignent leur pompe tous les ans rajeunie à la pompe ruineuse des vieux châteaux, parmi ces frais et ravissants oasis qui se détachent des plaines du pays de Caux, comme des îles chargées de bocages, d'une vaste mer de verdure! Mais devenus, par une nécessité inévitable, plus fidèles aux laborieux souvenirs de l'étude qu'aux conquêtes gracieuses de l'imagination, et obligés de réduire à d'étroites limites les excursions de l'écrivain descriptif hors des limites de l'histoire, nous avons depuis long-temps cédé aux artistes qui daignent illustrer notre humble travail de leurs chefs-d'œuvre, le vaste domaine de ces inspirations pittoresques et poétiques que nous implorions en commençant. S'il nous est permis de nous rappeler quelquefois les charmantes merveilles des paysages de Normandie, c'est quand elles rappellent certains faits solennels à la mémoire des hommes, ou quand la nature et l'art, associés par le hasard ou par le caprice, ont contribué de concert à l'illustration d'un monument. L'*Ormeteau ferré* de Gisors n'étoit qu'un arbre, et maintenant sa place vide a cessé de parler elle-même aux souvenirs du voyageur, mais l'histoire raconte que son ombre s'est reposée sur des confesseurs et sur des pontifes, sur des chevaliers et sur des rois, que des traités de paix ou des cartels de guerre ont été signés tour-à-tour sous ses vastes rameaux, et que la possession de cet arbre, signalé par l'attaque et par la défense, a été un sujet de division et de batailles entre des provinces, entre des royaumes. Il a dû être pour nous un objet d'étude. Le CHÊNE D'ALLOUVILLE n'est qu'un arbre[1], mais les profondes cavités de son tronc immense se sont transformées en chapelle; la loge qui les surmonte

---

(1) Le *Quercus pedunculata*, Hoffm. que Linné confondoit avec raison sous le nom de *Quercus robur* dans une même espèce avec celle à glands sessiles (*Quercus sessiliflora*, Smith) puisque suivant l'observation de MM. Leman et Turpin, on trouve ordinairement sur le même individu des glands sessiles et des glands pédonculés. Sa circonférence est de trente-quatre pieds au-dessus de ses racines; elle est à hauteur d'homme de vingt-six. Son élévation ne répond nullement à sa grosseur. La chapelle a été érigée en 1696 par l'abbé du Détroit, curé d'ALLOUVILLE, sous l'invocation de *Notre-Dame-de-la-Paix*. On lit cette dédicace au-dessus de la porte de la chambre supérieure. L'église d'ALLOUVILLE près de laquelle on trouve le chêne paroît peu ancienne. Sans doute il l'a vue tomber et se relever plusieurs fois. Voyez sur ce phénomène végétal l'intéressante *Notice* de M. Marquis, D. M. P., professeur de botanique au jardin des plantes de Rouen.

LE CHÊNE D'ALLOUVILLE. MESNIÈRES.

auroit pu servir d'asile à un de ces anachorètes des temps passés qui vivoient dans le repaire des bêtes fauves ou sur le chapiteau des colonnes, et son sommet, couvert d'un toit conique et d'une croix de fer, s'élève au-dessus des larges feuillages, comme la flèche d'un presbytère du moyen âge derrière les épais massifs de la forêt. Il paroît, ainsi que le chêne d'Hériska en Allemagne, le tilleul de la Chaux aux montagnes du Jura, et quelques autres arbres chapelles que la coignée a du moins épargnés, car la piété est plus fidèle à ses monuments que la gloire, une singulière tradition de ces jours primitifs du christianisme où une forêt servoit de temple, une pierre, d'autel, et un arbre creusé par la nature, de chœur et de sanctuaire.

Nous écrivons ces dernières lignes à une lieue de Neufchâtel en Bray, dans ce beau château de Mesnières, séjour favori d'Henri IV, qui vint s'y reposer souvent des travaux de la guerre, dans la pensée d'une nouvelle entreprise pour la gloire de la France ou d'un nouveau bienfait pour ses enfants. Quelqu'autre pensée, dit-on, y enchantoit aussi les loisirs du guerrier; foiblesses charmantes, qui se concilient si bien avec la puissance et la gloire que les anciens en avoient fait un des principaux traits de la physionomie poétique de Mars et de Jupiter. Osons dire quelque chose de plus : ce seroit presque calomnier *le roi dont le peuple a gardé la mémoire* que de lui ôter un défaut.

Non loin de là, dans ces champs de *Burcs* que rend à jamais célèbres le plus hardi coup de main qu'ait exécuté Henri IV, suivant le jugement de Sully, subsiste encore *le Manoir de Tourpes*, ancienne habitation de Gabrielle d'Estrée, la plus aimée des amantes du plus aimé des rois. Lorsqu'Henri IV vint à Mesnières, elle se présenta au château malgré des ordres bien sévères, et arriva jusqu'à lui. Les ordres dont je parle, ce n'étoit probablement pas lui qui les avoit donnés.

Un enchaînement de pensées ou de sentiments que nous ne chercherons pas à expliquer, mais qui se rapporte à tous les sentiments, à toutes les pensées nobles et tendres de l'homme, nous a conduits à travers la Normandie de la Côte des Deux Amants au château de Mesnières. Nous avons suivi sur la route les pas d'Agnès Sorel, entre Jumiéges et le manoir du Mesnil; nous venons retrouver la trace de Gabrielle d'Estrées entre le château de MESNIÈRES et *le Manoir de Tourpes*, et par un hasard remarquable, ces époques qui ne seront jamais oubliées par l'amour marquent aussi dans les fastes du génie. Elles embrassent les plus belles années de l'art au moyen âge, et les plus belles années de l'art à la RENAISSANCE. Les grandes conceptions du talent et les grandes affections du cœur naissent et se développent ensemble. A tous les siècles de renouvellement, il y a cette alliance de la force et de la beauté qui enfantent une autre divinité, une nouvelle jeunesse. Les anciens faisoient Hébé fille d'Hercule et de Vénus.

Le château de MESNIÈRES qui s'embellira désormais d'un souvenir enchanteur de plus, s'embellit de tout ce qui l'entoure, le charme pittoresque de sa position, l'aspect romantique de ses tours et de ses fossés; ses galeries qu'ornent encore les figures des chevaliers comme à la veille d'armes d'un héros; ses vestibules où se pressent comme autrefois les trophées de la chasse et de la guerre; ces arabesques, ces chiffres, ces médaillons, derniers restes du goût délicieux du règne de François Ier, si honteusement dégradé sous ses successeurs jusqu'à la renaissance classique de l'art.

La chapelle du château a été consacrée en 1544 par ce cardinal d'Amboise à qui la Normandie doit tant de magnifiques monuments. Elle se fait remarquer encore par la beauté de ses vitraux, et il faut bien observer en passant que ces merveilles fragiles ont été généralement plus ménagées que celles qui opposoient à la force une résistance matérielle. Dans les plus grands excès des passions, il y a un privilége pour la foiblesse.

La chambre où couchoit Henri IV ne rappelle que par le style de la décoration les ornements ravissants de la chambre de Marie de Médicis au Luxembourg, mais Henri IV y a couché.

Un portrait contemporain de Gabrielle décore un des salons du châ-

LE CHÊNE D'ALLOUVILLE. MESNIÈRES.

teau, et si notre mémoire est fidèle, nous en donnerons ici quelque idée imparfaite.

Quand les anciens achevoient la construction d'un monument utile, tout sévère qu'il fût d'ailleurs, et dans son objet, et dans son plan, et dans son exécution, ils le plaçoient sous la protection des Graces.

FIN DU SECOND TOME.

Chêne d'Allouville.

Vestibule du Château de Alexandrow

Chambre de Henri IV au Château de Mesnières.

Parvenus au terme de cette division importante de nos Voyages, qui forme à elle seule un ouvrage complet et un corps entier de documents sur l'histoire et les arts du moyen âge, nous éprouvons le besoin de jeter un coup d'œil en arrière, et de faire entrer le lecteur dans quelques uns des détails du vaste plan que leurs suffrages ont daigné encourager. M. de Cailleux et moi, nous devons ces détails aux savants et aux artistes qui ont prêté à nos foibles récits le secours de leurs lumières et l'illustration de leurs talents, et aux nombreux souscripteurs dont le concours a favorisé le développement de cette entreprise. Plus particulièrement nous prions M. le baron Athalin, M. Isabey, M. Xavier Le Prince, et M. Fragonard, dont le zèle a si puissamment contribué à accélérer la marche de notre ouvrage, de recevoir nos vifs remerciements pour leurs admirables travaux.

Lorsque les *Voyages pittoresques et romantiques dans l'ancienne France* furent entrepris, nous avions embrassé dans toute son étendue la dimension de notre vaste travail; mais quelques éclaircissements sont nécessaires pour les souscripteurs qui nous ont promis de nous seconder jusqu'à l'achèvement de notre ouvrage : il seroit injuste de supposer que la circonscription de nos travaux échappe à la portée des forces humaines, et que le reste de la vieille France se dérobe aux investigations d'une association d'hommes dans la force de l'âge, pleins du dévouement de l'enthousiasme, et qui ont déjà eu le bonheur de prouver qu'aucune fatigue ne les rebute, qu'aucun obstacle ne les arrête pour remplir des engagements sacrés envers le public, et un devoir sacré envers la patrie. L'espace occupé par l'ancienne Normandie ne peut servir en aucune manière de terme de comparaison pour apprécier celui que nous nous proposons de consacrer à d'autres provinces. L'étendue que celle-ci occupe sur le sol, l'intérêt singulier de son histoire qui se trouve par-tout mêlée à celle des principales époques de notre monarchie, sa situation topographique entre le cœur de la France et la mer, qui l'a rendue le champ de bataille accoutumé de deux grandes puissances, la multitude et la beauté de ses monuments, qui font de quelques unes de ses cités les Thèbes et les Palmyres du moyen âge, tout devoit assigner à la Normandie une part considérable dans nos descriptions; notre ouvrage, plus satisfaisant pour une curiosité superficielle, resteroit inutile aux études des générations auxquelles nous l'avons consacré. On concevra mieux encore la nécessité de ces développements, si l'on daigne se rappeler qu'au moment où nous commençâmes à écrire et à dessiner, peu de personnes chez nous s'occupoient de notre histoire et de nos monuments.

Les Anglois enlevoient les pierres de Jumièges, les maçons brisoient les sculptures délicieuses du beau manoir d'Andelis; moins heureux que dans la Grèce même, nous disputions sans être compris, au marteau des barbares, les débris des chefs-d'œuvre de nos arts. Les premiers peut-être, du moins en France, nous donnions au moyen âge une école jusqu'ici méconnue. Nous saisissions à des signes certains l'architecture du Bas-Empire à l'époque où elle se sépare du classique ancien; nous nommions l'architecture *romane* ou *carlovingienne;* nous arrivions par cet intermédiaire à l'architecture à ogives[1], seconde branche de l'architecture chrétienne, et nous finissions ce tableau à l'époque charmante de la Renaissance. Il falloit tout définir et tout démontrer par des exemples, et aucune partie de la France ne nous auroit fourni autant de matériaux que la Normandie pour cette classification de faits. Aujourd'hui ces théories sont positivement établies, et il nous seroit peut-être permis de croire que nous n'avons pas peu contribué à les rendre populaires. Il nous suffiroit pour justifier cette prétention de citer les ouvrages plus ou moins connus que le nôtre a fait éclore, et dont quelques uns se recommandent

(1) Depuis le Bas-Empire, nous avons reconnu des ogives soit en Italie, dans des monuments qui venoient de Bysance, soit en France, dans des monuments élevés aux neuvième et dixième siècles; mais l'usage de ce genre de construction n'a commencé à se répandre généralement que vers le treizième siècle.

par un mérite d'exécution qui rachèteroit la honte du plagiat si elle pouvoit se racheter; mais le plagiat lui-même est un hommage qui constate le succès d'une création utile.

Ces grandes bases une fois établies, nous n'aurons plus besoin de les fortifier de raisonnements déjà reçus, ou de multiplier des portraits dont le choix de nos premiers dessins a prévu toutes les analogies, soit dans l'ensemble, soit dans les détails. Fidèles à l'histoire écrite et à la topographie monumentale dans tout ce qu'elles offrent d'important, nous pourrons donner toutefois plus de place à la topographie pittoresque, et les perfectionnements de cet art nouveau de la lithographie aux progrès duquel nous n'avons peut-être pas été étrangers, nous permettront de nous enrichir plus souvent des magnifiques aspects naturels de notre belle France.

Lorsque je commençois cet ouvrage, mon éducation étoit à faire comme historiographe et comme artiste. Je trouvois à la vérité toutes les ressources desirables dans mes collaborateurs auxquels je n'ai pas le droit de payer ici un juste témoignage de reconnoissance. Qu'il me suffise de dire que je dois plusieurs chapitres tout entiers à mon ami Taylor, et que tout ce qui concerne dans l'ouvrage la description et l'analyse des objets d'art lui appartient sans partage; mais l'histoire des faits elle-même ne se trouve pas exclusivement dans les livres; elle exige de longues et studieuses investigations des chroniques manuscrites, des traditions locales, des souvenirs et des mœurs. Il est peu de nos livraisons qui ne nous aient fait contracter de vives obligations envers quelqu'un de ces savants zélés pour nos antiquités nationales dont on saura reconnoître plus tard le précieux dévouement, et qui ont fait pour les souvenirs de la patrie ce que fit Énée pour les dieux de Troie. Nous aimons à citer dans ce nombre M. Floquet, élève de l'école des Chartes, dont nous avons reçu des matériaux très curieux, M. Beuselin des Andelis, M. Passy de Gisors, qui ont mis à notre disposition une foule de documents peu connus. Nous avons tiré un grand parti de quelques livres écrits avec talent et quelquefois avec charme sur l'histoire de la province; nous avons déjà exprimé ailleurs le jugement que nous portions d'une excellente

Description des maisons de Rouen, ornée des dessins de M. LANGLOIS, et qui devoit exciter une honorable émulation dans toutes les grandes villes de France où il reste des constructions du moyen âge.

Mais aucune expression ne peut faire comprendre ce que nous devons à M. AUGUSTE LE PREVOST de Rouen, dont la bienveillance nous accompagne depuis le commencement d'un ouvrage qu'il a enrichi des trésors de la plus brillante érudition, et qu'il a quelquefois revêtu de l'éclat de son style; je l'ai copié le plus souvent que je l'ai pu. Éminent dans tous les genres d'instruction, il nous a prodigué ces richesses superflues, comme ce Magnifique des *Mille et une nuits*, qui dépense aisément des biens inépuisables; et il lui en reste d'autres à prodiguer sans s'appauvrir, au lexicographe, à l'antiquaire, au naturaliste, au poëte. Mon imagination, fatiguée par le travail et par le temps, n'étoit plus maîtresse de ravir ces conquêtes à l'étude. Je suis fier encore d'en avoir l'obligation à l'amitié.

TABLE DES ARTISTES.

AVIS AU RELIEUR.

N. B. Les planches précèdent toujours le texte dans chaque chapitre. Cette table indique l'ordre dans lequel elles doivent être placées.

MM.

LÉGER, DÉVÉRIA et THOMPSON. Vignette du titre. Médaille de Richard-Cœur-de-Lion. On y lit le cri de guerre du roi Richard : *Diex aie et Notre-Dame. Anno* 1189.

RÉGNIER et RÉMOND. Planche LXXXII. Village de Pourville. Cette vue est

MM.

prise sous la porte de l'ancienne église.

RÉGNIER et RÉMOND. Planche LXXXIII. Ruines de l'église de Pourville.

RÉGNIER et VILLENEUVE. Pl. LXXXIV. Pointe de l'Ahi, village de Pourville.

TABLE DES ARTISTES.

MM.

de Saint-Georges de Bocherville. Grande croisée de l'abside et chapiteaux de l'intérieur de l'église.

Planche CXIX. Différents détails intérieurs et extérieurs de l'abbaye de Saint-Georges de Bocherville.

Planche CXX. Détail du grand portique de l'église de Saint-Georges de Bocherville, côté droit.

Planche CXXI. Détail du grand portique de l'église de Saint-Georges de Bocherville, côté gauche.

FRAGONARD et DE CAILLEUX. Pl. CXXII. Plan de l'église. Détails du cloître et de l'église, intérieur et extérieur, de Saint-Georges de Bocherville.

GÉRICAULT. Vignette du chapitre. Le corps de Guillaume-le-Conquérant exposé dans l'église de l'abbaye de Saint-Georges de Bocherville.

FRAGONARD. Planche CXXIII. Vue générale de la façade de la cathédrale de Rouen.

LÉGER. Planche CXXIV. Portail du nord, nommé le portail des libraires. Cathédrale de Rouen.

Pl. CXXV. Portail du midi, nommé le portail de la Calendre.

FRAGONARD. Planche CXXVI. Abside de la cathédrale de Rouen.

Planche CXXVII. Intérieur de la cathédrale, vue générale de la nef.

BICHEBOIS et ARNOULT. Pl. CXXVIII. Entrée de la sacristie de la cathédrale.

ATTHALIN (le baron). Planche CXXIX.

MM.

Escalier de la bibliothèque de la cathédrale.

FRAGONARD. Planche CXXX. Portes d'entrée en avant du portail des libraires.

RENOUX. Planche CXXXI. Porte latérale de la façade principale de la cathédrale.

VILLENEUVE. Planche CXXXII. Salle basse du cloître Notre-Dame, la cathédrale.

ATTHALIN. Pl. CXXXIII. Salle basse du cloître de la cathédrale.

FRAGONARD. Planche CXXXIV. Tombeau de Louis de Brezé, grand sénéchal de Normandie.

FRAGONARD. Planche CXXXV. Tombeau du cardinal d'Amboise.

Planche CXXXVI. Bas-relief du grand portail de la cathédrale.

Planche CXXXVII. Bas-relief du portail du midi.

Planche CXXXVIII. Bas-relief de l'une des portes latérales de la façade de la cathédrale, côté gauche.

Planche CXXXVIII *bis*. Fragment du portail du midi.

FRAGONARD et DE CAILLEUX. Planche CXXXIX. Détails de la porte latérale de la façade, côté gauche. Statue de Rollo. Plan de la cathédrale.

FRAGONARD. Planche CXL. Porte de l'escalier de la bibliothèque de la cathédrale. Fragment d'un tombeau du quinzième siècle. Statue de Guillaume-Longue-Épée.

TABLE DES ARTISTES.

MM.

GUILLEMOT et Mlle Espérance LANGLOIS. Planche CXLI. Statues des tours de la cathédrale.

Planche CXLII. Statue des tours de la cathédrale.

ATTHALIN (le baron) et TAYLOR. Vignette du chapitre. Tombeau derrière le chœur.

FRAGONARD. Planche CXLIII. Intérieur de l'église de Saint-Ouen, vue générale de la nef.

Planche CXLIV. Église de Saint-Ouen, portail des Marmouzets.

VILLENEUVE. Planche CXLV. Église de Saint-Ouen, tour de la Chambre aux Clercs. La vue est prise dans le jardin.

LE PRINCE (Xavier) et VAUZELLE. Planche CXLVI. Vue générale de l'église de Saint-Ouen, du côté du jardin.

FRAGONARD et DE CAILLEUX. Vignette du chapitre. Plan de l'église de Saint-Ouen, et médailles du moyen âge.

BOUTON. Pl. CXLVII. Crypte de Saint-Gervais.

VILLENEUVE. Planche CXLVIII. Abside de Saint-Gervais. C'est dans l'un des chapiteaux de cette partie du monument que se trouve la représentation d'un aigle dont nous avons parlé dans le texte.

Planche CXLIX. Porche de Saint-Vincent, genre d'architecture qui précéda de peu de temps la renaissance de l'art.

LESAINT et GÉRICAULT. Pl. CL. Église de

MM.

Saint-Nicolas. A l'époque où nous avons dessiné ce monument, il servoit de magasin et d'écurie pour des messageries.

ATTHALIN (le baron). Planche CLI. Escalier de Saint-Maclou. Époque qui précéde de très peu de temps la renaissance de l'art. Les fragments corinthiens sont nécessairement postérieurs.

FRAGONARD. Planche CLII. Portes de Saint-Maclou, du dix-septième siècle. Sculpture en bois admirable.

LÉGER. Vignette du chapitre. Elle représente le portail de Saint-Maclou.

Planche CLIII. Construction en bois dans la cour de l'abbaye de Saint-Amand. Époque du quinzième siècle.

FRAGONARD. Planche CLIV. Cour de l'abbaye de Saint-Amand. Époque du seizième siècle, renaissance de l'art.

Planche CLV. Cheminée de la chambre de Guillimette d'Assy. Tout l'intérieur de cette abbaye est extrêmement curieux, et particulièrement une chambre en boiseries du seizième siècle, qui mériteroit l'attention des autorités de la ville de Rouen pour être sauvée de la destruction.

Planche CLVI. Détails de l'abbaye de Saint-Amand. Époque de la RENAISSANCE.

Vignette du chapitre. C'est une partie

TABLE DES ARTISTES.

MM.

VERNET (Horace). Vignette du chapitre de Pourville. Le sujet est tiré des vers qui précèdent, par M. de Latouche.

ARNOULT et X. LE PRINCE. Pl. LXXXV. Façade de l'église de Notre-Dame de la ville d'Eu.

J. JORAND. Planche LXXXVI. Portail de la façade de l'église de Notre-Dame de la ville d'Eu.

FRAGONARD. Planche LXXXVII. Vue générale de l'intérieur de Notre-Dame de la ville d'Eu.

Planche LXXXVIII. Église de la ville d'Eu. Cette vue est prise sur le plan dans une des branches latérales de la croix.

Planche LXXXIX. Église de la ville d'Eu. Vue latérale du chœur, près du grand autel.

J. ISABEY. Planche XC. Caveau de l'église de Notre-Dame renfermant les débris des tombeaux des comtes d'Eu. Ce caveau se trouve sous le chœur de l'église.

FRAGONARD. Planche XCI. Débris des tombeaux des comtes d'Eu. L'église de Notre-Dame est presque entièrement des quatorzième, quinzième, et seizième siècles. Les débris des tombeaux sont curieux par l'étude des costumes du moyen âge.

VILLENEUVE. Vignette du chapitre de la ville d'Eu. Elle représente une partie des jardins et du parc du château; dans le fond Tréport; sur

MM.

les premiers plans, les arbres sous lesquels les Guise aimoient à se promener.

FRAGONARD. Planche XCII. Escalier de l'église de Tréport.

Planche XCIII. Porche de l'église de Tréport. Le style d'architecture de cette porte est du seizième siècle.

VILLENEUVE. Planche XCIV. Vue générale de Tréport, prise sur le chemin de la ville d'Eu.

Planche XCV. Croix de l'église de Tréport. Cette église est d'une époque qui précéda de peu d'années la RENAISSANCE.

ATTHALIN (le baron). Vignette du chapitre. Elle représente les falaises qui sont près de l'entrée du port.

FRAGONARD. Planche XCVI. Cour du Manoir d'Ango à Varengeville. Le sujet des figures représente le départ pour la chasse.

Planche XCVII. Manoir d'Ango. Cette vue est prise sous l'entrée de la porte principale.

Planche XCVIII. Détails et fragments du Manoir d'Ango.

VERNET (Carle). Vignette du chapitre. Une chasse au faucon.

ATTHALIN (le baron). Planche XCIX. Porte de l'abbatiale de Saint-Martin d'Auchi, à Aumale. Ce monument a été détruit.

FRAGONARD. Planche C. Portail de l'église d'Aumale. Époque de la RENAISSANCE.

TABLE DES ARTISTES.

MM.

FRAGONARD. Planche CI. Détails du portail de l'église d'Aumale.

VERNET (Horace) et VILLENEUVE. Vignette du chapitre d'Aumale. Elle représente Henri IV rentrant dans la ville au moment où il reçoit un coup d'arquebuse. Il fut sauvé par une femme qui ferma précipitamment le pont-levis; on la voit dans le fond du tableau.

JORAND et VILLENEUVE. Planche CII. Façade de l'église de Saint-Hildevert à Gournay.

FRAGONARD. Planche CIII. Portail de l'église de Saint-Hildevert à Gournay.

FRAGONARD et JORAND. Planche CIV. Vue intérieure de l'église de Saint-Hildevert à Gournay. Ce monument généralement du style *roman*, excepté le portail, offre plusieurs beaux chapiteaux.

FRAGONARD. Planche CV. Détails de l'église de Saint-Hildevert à Gournay.

Planche CVI. Détails ; même église.

Planche CVII. Autres détails.

Planche CVIII. Détails du portail de l'église de Saint-Hildevert à Gournay.

LECOMTE (Hippolyte). Vignette du chapitre de Gournay. Elle représente Philippe-Auguste armant chevalier le jeune Arthur, roi d'Angleterre. Le monument dans lequel se passe cette scène n'existe plus à Gournay; mais une particularité fort remarquable, c'est que la copie de ce mo-

MM.

nument existe en Écosse. Le dessin du monument anglois se trouve dans le beau voyage pittoresque en Angleterre par M. Hulmandel.

VILLENEUVE. Planche CIX. Façade de l'église de l'abbaye de Saint-Georges de Bocherville.

JORAND et SMITH. Planche CX. Portail de la façade de l'église de Saint-Georges de Bocherville.

FRAGONARD. Planche CXI. Intérieur de l'église de l'abbaye de Saint-Georges de Bocherville, vue de la grande nef.

Planche CXII. Chapelle de la branche latérale de la croix, côté du midi, de l'église de Saint-Georges de Bocherville.

VILLENEUVE. Planche CXIII. Abside de l'église de l'abbaye de Saint-Georges de Bocherville.

ATTHALIN (le baron). Planche CXIV. Ruines du cloître de l'abbaye de Saint-Georges de Bocherville.

GUÉ. Planche CXV. Détails du cloître de l'abbaye de Saint-Georges de Bocherville.

ALLAUX (J. P.) de Bordeaux. Pl. CXVI. Détails du cloître et de l'abside de l'abbaye de Saint-Georges de Bocherville.

FRAGONARD. Planche CXVII. Détails de l'abbaye de Saint-Georges de Bocherville. Croisées, chapiteaux et bases de l'intérieur de l'église.

Planche CXVIII. Détails de l'abbaye

TABLE DES ARTISTES.

MM.

d'entablement. Morceau de la RE-NAISSANCE aussi curieux par la manière dont il est sculpté que par sa composition.

LÉGER. Planche CLVII. Cour de l'hôtel du Bourgtheroude.

LEMAÎTRE. Planche CLVIII. Galerie de l'hôtel du Bourgtheroude. C'est dans la base extérieure de cette galerie que se trouvent les admirables bas-reliefs représentant l'entrevue du *Camp du drap d'or*.

FRAGONARD. Planche CLIX.

Planche CLX.

Planche CLXI.

Planche CLXII.

Planche CLXIII. Ces cinq planches représentent l'entrevue de François Ier et de Henri VIII, roi d'Angleterre.

Vignette du chapitre. Elle représente Jeanne d'Arc sur le bûcher. Voir le texte, page 76.

VAUZELLE, LANTÉ et ADAM. Pl. CLXIV. Cour du palais de justice à Rouen.

DAGUERRE et ARNOUT. Planche CLXV. Grande salle du palais de justice, nommée salle des Pas-Perdus.

FRAGONARD. Planche CLXVI. Vue du palais de justice, du côté de la rue Saint-Lo.

ARNOUT. Planche CLXVII. Salle basse de la tour Bigot, vieux château. Voir le texte, page 89.

VILLENEUVE. Planche CLXVIII. Fontaine de la Croix de Pierre.

MM.

VILLENEUVE, ADAM et LANTÉ. Pl. CLXIX. Fontaine de la Crosse.

BOUTON, BICHEBOIS et LE PRINCE. Planche CLXX. Prieuré de Saint-Julien. Voir le texte, page 92.

CAILLEUX (Alph. de). Planche CLXX *bis*. Plan des fontaines de la Crosse, de la Croix de Pierre, et de la tour Bigot.

LÉGER. Vignette du chapitre des monuments publics. Elle représente un monument appelé *chapelle de Saint-Romain*.

BICHEBOIS et LE PRINCE (Xavier). Planche CLXXI. Maison de la rue Damiette.

LEMAÎTRE. Planche CLXXII. Ancien bureau des finances, place de la cathédrale.

BONINGTON. Planche CLXXIII. Rue du Gros-Horloge.

LANGLOIS (Hippolyte) et SMITH. Planche CLXXIV. Cheminée d'une maison rue de la Croix de Fer.

FRAGONARD. Planche CLXXV. Bas-relief de la cheminée, planche CLXXIV.

LE PRINCE (Xavier). Vignette du chapitre des maisons de Rouen. Scène populaire; l'arrivée d'une diligence à la porte d'une église dont on a fait un établissement de messagerie.

ALAUX (Gentil) de Bordeaux. Planche CLXXVI. Clocher de Darnetal.

VILLENEUVE. Planche CLXXVII. Vue générale de la ville de Rouen, prise du clocher de Darnetal.

TABLE DES ARTISTES.

MM.

VIGNERON. Vignette du chapitre de Darnetal. Une femme au confessionnal.

FRAGONARD. Planche CLXXVIII. Ruines du palais de la reine Blanche à Léry.

VILLENEUVE. Planche CLXXIX. Façade de l'église de Léry.

TAYLOR. Planche CLXXX. Intérieur de l'église de Léry.

VILLENEUVE. Planche CLXXXI. Croix de Léry.

JOLY. Vignette du chapitre de Léry. Elle représente le cours de la Seine, et dans le fond la Côte des Deux-Amants.

BOURGEOIS. Planche CLXXXII. Ruines du château Gaillard, côté de l'ouest.

JOLY. Planche CLXXXIII. Ruines du château Gaillard, vues de l'autre côté de la Seine.

Planche CLXXXIV. Ruines du château Gaillard, côté du nord.

Planche CLXXXV. Crypte du château Gaillard. Voir le texte, page 124.

Planche CLXXXVI. Souterrains du château Gaillard.

VERNET (Horace). Vignette du chapitre du château Gaillard. Elle représente la mort de Marguerite. Voir le texte, page 118.

FRAGONARD. Planche CLXXXVII. Cheminée de l'auberge de la Fleur-de-Lis, au Grand-Andelis. Un soldat blessé raconte ses batailles.

JORAND. Planche CLXXXVIII. Façade de l'église de Sainte-Clotilde.

FRAGONARD. Planche CLXXXIX. Portail

MM.

latéral de l'église de Sainte-Clotilde, côté du nord.

Planche CXC. Croisée orientale de la salle principale de la grande maison aux Andelis.

ATTHALIN (le baron). Planche CXCI. La grande maison aux Andelis, vue prise au moment de la démolition.

FRAGONARD. Planche CXCII. Détails de la grande maison. Les figures sous les fenêtres se trouvoient du côté de la rue, et le cul-de-lampe servoit de console à la croisée orientale.

Planche CXCIII. Détails de l'église de Sainte-Clotilde, au Grand-Andelis.

BERGERET. Vignette du chapitre des Andelis. Elle représente la jeunesse du Poussin.

BOURGEOIS et LE PRINCE (Xavier). Planche CXCIV. Ruines du donjon du château de Gisors. Vue prise dans la cour.

JOLY. Planche CXCV. Ruines du château de Gisors. Vue prise des fossés extérieurs.

ATTHALIN (le baron). Planche CXCVI. Vue générale des ruines du château de Gisors.

FRAGONARD. Planche CXCVII. Cachot du prisonnier de Gisors.

JOLY. Planche CXCVIII. Tour du prisonnier. Vue prise dans les fossés extérieurs.

GUÉ. Planche CXCIX. Fragments des sculptures exécutées par le prisonnier de Gisors.

TABLE DES ARTISTES.

MM.

FRAGONARD. Planche CC. Façade de l'église de Saint-Gervais et Saint-Protais. Le curé de Gisors harangue Henri IV, et lui refuse l'entrée de l'église.

THÉOPHILE. Planche CCI. Base du clocher de Saint-Gervais et Saint-Protais, du côté du couchant.

Planche CCII. Base du clocher de Saint-Gervais et Saint-Protais. Une procession le jour de la Fête-Dieu.

BONINGTON. Planche CCIII. Vue générale extérieure de l'église de Saint-Gervais et Saint-Protais.

FRAGONARD. Planche CCIV. Partie latérale de la nef, église de Saint-Gervais et Saint-Protais.

Planche CCV. Support des orgues de Saint-Gervais et Saint-Protais.

TRUCHOT et SABATIER. Planche CCVI. Ruines de la tour de Neaufle. Environs de Gisors.

JOLY. Planche CCVII. Tour de la reine Blanche, près de la cascade de Bézu. Environs de Gisors.

CICÉRI. Planche CCVIII. Ruines du Château-sur-Epte.

FRAGONARD. Planche CCIX. Monument druidique dans le bois de Trie, dans la forêt de Lions. (Tous les bois qui entouroient autrefois Gisors se nommoient forêt de Lions.)

Planche CCX. Bas-reliefs et entablement. Détails extérieurs de Saint-Gervais et Saint-Protais.

MM.

THÉOPHILE. Planche CCXI. Piliers des Dauphins, des Pèlerins, et des Tanneurs, et les détails des figures du pilier des Tanneurs. Monument de la RENAISSANCE très curieux pour les costumes.

FRAGONARD. Planche CCXII. Différentes figures des portes de Saint-Gervais et Saint-Protais, sculpture en bois; monument très curieux pour les costumes; époque de la RENAISSANCE.

THÉOPHILE. Planche CCXIII. Porte latérale au nord de Saint-Gervais et Saint-Protais.

ATTHALIN (le baron). Vignette du chapitre de Gisors. Elle représente la tour de Neaufle, vue de la prairie qui borde la forêt.

BONINGTON. Planche CCXIV. Tour aux archives à Vernon.

LÉGER, THÉOPHILE et VAUZELLE. Planche CCXV. Ruines du palais de Gaillon.

BICHEBOIS. Pl. CCXVI. Entrée du palais du cardinal d'Amboise à Gaillon.

FRAGONARD. Planche CCXVII. Grande cour du palais du cardinal d'Amboise à Gaillon. Il n'existe plus que des débris de cet admirable monument, la plus grande partie dans les décombres du musée des monuments françois, à l'ancien couvent des Augustins.

ENFANTIN. Planche CCXVIII. Ruines de l'abbaye de Mortemer, du côté du couchant.

MM.

ENFANTIN. Pl. CCXIX. Ruines de l'abbaye de Mortemer, du côté du nord.

JOLY. Planche CCXX. Vue générale des ruines de l'abbaye de Mortemer.

JORAND. Planche CCXXI. Détails de la grande porte à l'occident de l'abbaye de Mortemer.

THÉOPHILE. Planche CCXXII. Fontaine du palais du cardinal d'Amboise à Gaillon.

THÉOPHILE et LEROUX. Planche CCXXIII. Détails et fragments du palais du cardinal d'Amboise.

LEROUX. Planche CCXXIV. Détails et fragments de la grande cour du palais du cardinal Georges d'Amboise.

ENFANTIN. Vignette du chapitre de Vernon, Gaillon, et Mortemer. Elle représente les ruines de l'abbaye, vue prise sur les hauteurs qui dominent l'étang.

LEMAÎTRE. Planche CCXXV. Cour de l'ancien évêché d'Évreux.

BONINGTON. Planche CCXXVI. Tour du Gros-Horloge, bâtie sous la domination des Anglois en 1417. Évreux.

FRAGONARD. Planche CCXXVII. Cloître du couvent de Saint-Taurin.

Planche CCXXVIII. Puits du parvis Notre-Dame, à Évreux.

THÉOPHILE. Planche CCXXIX. Chapi-

MM.

teaux de l'époque des premières constructions de la cathédrale. Statues du quinzième siècle. Marteau de la porte d'une maison particulière.

BONINGTON. Vignette du chapitre d'Évreux. Elle représente le fragment de construction le plus ancien de l'abbaye de Saint-Taurin. Ce morceau d'architecture extrêmement curieux est lombard. Huitième siècle. L'ornement en *échiquier* indiqué entre chaque croisée est en pierres de couleurs, à l'instar des églises de l'Italie, des sixième et septième siècles, où ces sortes de constructions sont en marbre noir et blanc; quelquefois aussi en pierre brune et blanche.

JOLY et LE PRINCE (Xavier). Pl. CCXXX. Chêne d'Allouville. Tous les ans le curé d'Allouville dit la messe sur l'autel qui est élevé dans le tronc de ce chêne.

FRAGONARD. Planche CCXXXI. Vestibule du château de Mesnières.

ISABEY. Planche CCXXXII. Gabrielle lisant une lettre de Henri IV, dans la chambre que ce roi a habitée au château de Mesnières.

MAUZAISSE. Vignette du chapitre. Portrait de Gabrielle.

FIN DE LA TABLE DES ARTISTES.

SUPPLÉMENT A LA LISTE
DES
SOUSCRIPTEURS.

S. A. R. LE GRAND-DUC CONSTANTIN, A VARSOVIE.

LE MINISTÈRE DES AFFAIRES ÉTRANGÈRES.
LE PRÉFET DU DÉPARTEMENT DE LA SEINE.

La Bibliothèque d'AMIENS.
La Bibliothèque d'ÉVREUX.
La Bibliothèque de LILLE.
La Bibliothèque de MARSEILLE.
La Bibliothèque de NEUFCHATEL. (Seine-Inférieure).

Maison royale, à Saint-Denis.

Société typographique, à Berne.

MM.
AGOULT (le vicomte d').
AILLOUD, libraire, à Paris.
ALBERG (le duc d'), à Paris.
ARNOULT, artiste.
AUGER (le comte d').

MM.
AUGUSTIN, peintre, à Paris.
AVANZO et compagnie, négociants, à Bruxelles.
BALLYET, à Paris.
BARBIER, à Paris.

SOUSCRIPTEURS.

MM.

BARMONT, artiste, à Paris.
BENEVELLI (le comte César della Chiesa), à Turin.
BERNARD (J. B.), propriétaire, à Lagny.
BICHEBOIS, artiste.
BILLOY (le marquis de).
BIRON (la marquise de).
BOGUET, libraire, à Arras.
BOISSERÉE, à Cologne.
BOSCARY DE VILLEPLAINE, ancien banquier, à Paris.
BOULE, à Paris.
BOURCARD (L.), à Bâle.
BRUNET et comp^{ie}, lithographes, à Lyon.
CARPENTIN (de), à Abbeville.
CHAILLOU-POTRELLE, marchand d'estampes, à Paris.
CHATEAUBOURG (de), à Morlaix.
CHEVALIER (F. N.), négociant, au Hâvre.
COURTIN, artiste.
CRAFT.
CRONIER, à Paris.
DÉAN, à Château-Gontier.
DEBRIE, libraire, à Caen.
DE CHANAY.
DELAVAL, négociant, à Paris.
DESNOYERS (A. Boucher), graveur.
DIDELOT DE LA FERTÉ.
DUJARDIN SAILLY, libraire, à Bruxelles.
ENFANTIN, artiste.
ESSEX (le comte d'), à Paris.
FAILLY, secrétaire de l'ambassade de France en Suisse.
FOREST (le comte Étienne de), à Marseille.
FOURRIER, ingénieur, à Angers.

MM.

GAILLOT, peintre d'histoire.
GALABD, peintre, à Bordeaux.
GALLIFET (le comte de).
GINOUX, ancien administrateur des domaines.
GIRAUD (Étienne), membre de la Légion d'honneur, à Marseille.
GIRAUD DE SAVUINE (Louis).
GRABIT, négociant, à Lyon.
GUDIN (Théodore), peintre, à Paris.
GUÉNEBAULT, à Paris.
HECTOR, à Angers.
JOLY (A.), artiste, à Paris.
KENNEMARC (le comte de), à Paris.
KOECHLIN (Ed.), négociant, à Mulhouse.
KRAISSLE, à Vienne.
LAMEAU, à Paris.
LANTÉ, artiste, dessinateur.
LAURENT, négociant à Paris.
LEMASSON, ingénieur en chef au corps royal des ponts et chaussées, à Paris.
LE ROY, négociant, à Paris.
L'HUILLIER, agent de change, à Paris.
MACHIADO (le chevalier de), consul général d'Espagne, à Paris.
MARMONT DE BARMONT, peintre-paysagiste.
MATHON fils, libraire, à Neufchâtel.
MAUROY (le baron de), à Paris.
MURCHNER, marchand d'estampes, à Leipsick.
NAEFF (L.), directeur de l'école de dessin, à Lausanne.
PAGNI fils et compagnie (N.), marchands d'estampes, à Florence.

SOUSCRIPTEURS.

MM.

Pallière père, à Bordeaux.
Pascalis (Amédée de).
Pelagio Palagi Bolognesi, peintre, à Milan.
Peltier Desforts.
Pillet, libraire, à Paris.
Pixérécourt (G. de), homme de lettres, directeur du théâtre royal de l'Opéra-Comique.
Pluchard, négociant, à Saint-Pétersbourg.
Poilly, (de), à Folemberg, près Coucy.
Rancliffe (lady), à Paris.
Rey, négociant, à Lisbonne.
Richard, artiste, à Lyon.
Rodet, courtier de commerce, à Paris.
Romagnesi, sculpteur.

MM.

Rosilly, (le marquis de), à Toulouse.
Roure (le marquis du).
Sainte-Marie (le comte de).
Sazerac, négociant, à Paris.
Scheroth, à Paris.
Selke, marchand d'estampes, à Berlin.
Stafford (le marquis de), à Londres.
Thériot, à Lyon.
Thomas, peintre d'histoire.
Tibeaux, libraire, à Clermont.
Trespat, propriétaire, à Bansac.
Vayse (le colonel Victor), à Marseille.
Vins de Pessac (la marquise de).
Vois Léopold, à Leipsick.
Warée (Gabriel), libraire, à Paris.
Warée jeune, libraire, à Paris.
Worell, à Rouen.

www.ingramcontent.com/pod-product-compliance
Lightning Source LLC
Chambersburg PA
CBHW050608230426
43670CB00009B/1314